Diferentes, ...Mas Irmãos!

Frei LUÍS MARIA SARTORI, OFM

Diferentes, ...Mas Irmãos!

Editora LTr
SÃO PAULO

Dados Internacionais de Catalogação na Publicação (CIP)
(Câmara Brasileira do Livro, SP, Brasil)

> Sartori, Frei Luís Maria
> Diferentes,... mas irmãos! / Frei Luís Maria
> Sartori. — São Paulo : LTr, 2008.
>
> Bibliografia.
> ISBN 978-85-361-1256-5
>
> 1. Diferenças individuais 2. Fraternidade
> 3. Relações interpessoais 4. Solidariedade
> 5. Vida cristã I. Título.

08-11068   CDD-248.4

Índice para catálogo sistemático:

1. Fraternidade : Vocação humana : Vida cristã : Cristianismo   248.4

© Todos os direitos reservados

EDITORA LTDA.

Rua Apa, 165 — CEP 01201-904 — Fone (11) 3826-2788 — Fax (11) 3826-9180
São Paulo, SP — Brasil — www.ltr.com.br

LTr 3721.9   Dezembro, 2008

Sumário

Prefácio — Dom Frei Luiz Flávio Cappio, OFM	7
O cristão	9
O santo	23
O profeta	26
O pobre	29
O político	33
O trabalhador	38
O empresário	43
A mulher	46
O professor	51
O médico	55
O advogado	58
O apóstolo leigo	61
O comunitarismo	87
O crucificado	90
Diferentes, mas irmãos	93
Oração a Jesus	96
O sacerdote missionário	97

Prefácio

Diferentes, mas Irmãos! Desde o título, este novo livro de Frei *Luís Maria Alves Sartori* é interessante, mexe com a gente e exprime uma grande verdade.

Toca em dois pontos fundamentais da Vida Humana, que desembocam numa mesma e única bem-aventurança — **a fraternidade entre todos**:

1. O desígnio de Deus para cada ser humano plantado no íntimo de cada um.
2. A Vocação Humana que é a resposta que cada um dá aos desígnios de Deus.

Seja você consagrado ou leigo, santo, profeta, homem ou mulher, trabalhador, político ou empresário, professor, médico ou lavrador, uma vez que ouve a voz de Deus em seu coração e responde com um generoso Sim, torna-se irmão e irmã de todos. Diferentes, ...mas irmãos.

O que fere esta profunda bem-aventurança evangélica é nosso egoísmo, nossa falta de espírito fraterno, nossa negação à solidariedade. Quando nos encasulamos em nós mesmos e queremos que o mundo gire em torno de nós, fazendo-nos o centro do mundo. Nossa postura será, então, não do irmão e amigo, mas do dominador e opressor. É quando o homem se torna "lobo do próprio homem" e nega sua vocação humana de fraternidade.

Obrigado, Frei *Luís Maria*, por mais este trabalho que brota de sua cabeça inteligente e de seu coração cheio de amor e fraternidade. Que seu testemunho de homem solidário nos ajude a compreender que, embora diferentes, **somos todos irmãos**, filhos do mesmo Pai e de mãos dadas uns com os outros.

Dom Frei Luiz Flávio Cappio, OFM
Bispo Diocesano de Barra — Bahia

O Cristão

Será que nós cristãos temos consciência desta nossa qualidade? O que vem a SER um cristão? Que relação tem o cristão com o CRISTO que é a raiz de sua qualidade e de seu nome de "cristão"? Que novidade, que "algo mais" têm os cristãos em comparação com as outras criaturas humanas? E este "algo mais" próprio dos cristãos faz deles "alguém melhor", ou deve fazer e não consegue? Dentro de que "projeto ou plano" divino DEUS incluiu os cristãos? A natureza humana criada por DEUS como é que recebeu, e como é que vive esta qualidade de cristã?

Todas estas perguntas querem nos situar no centro da natureza mais radical desta qualidade que muitos de nós e dos leitores possuímos e não lhe damos o devido valor, ou porque não sabemos responder ao que perguntamos, ou porque não vivemos de fato aquilo que sabemos. E, como tal qualidade atinge a totalidade de tudo o que é humano, é importante que conheçamos tudo a respeito, pelas suas raízes.

Comecemos nos perguntando sobre o que diz o próprio DEUS, pelas suas palavras da Bíblia.

Na Epístola de São Paulo aos Colossenses (1, 15-20) lemos:

"ELE (CRISTO) é a imagem do DEUS invisível, o Primogênito de toda a criatura, porque NELE foram criadas todas as coisas nos céus e na terra, as visíveis e as invisíveis: Tronos, Soberanias, Principados, Autoridades, tudo foi criado por ELE e para ELE. ELE é antes de tudo e tudo subsiste NELE. ELE é a Cabeça da Igreja que é o seu corpo. ELE é o Princípio, o Primogênito dentre os mortos, tendo em tudo a primazia, pois NELE aprouve a DEUS fazer habitar toda a Plenitude, e reconciliar por ELE e para ELE todos os seres, os da terra e os do céu, realizando a paz pelo sangue de sua cruz."

E em Romanos 8, 29:

"Porque os que de antemão ELE conheceu, esses também predestinou serem conformes à imagem do seu Filho, a fim de ser ele o primogênito entre muitos irmãos."

E em Efésios 1, 3-12:

"Bendito seja o DEUS e PAI de nosso Senhor JESUS CRISTO, que nos abençoou de toda sorte de bênçãos espirituais, nos céus, em CRISTO. NELE ele nos escolheu antes da fundação do mundo, para sermos santos e irrepreensíveis diante DELE no amor. ELE nos predestinou para sermos seus filhos adotivos por JESUS CRISTO, conforme o beneplácito de sua vontade, para louvor e glória de sua graça, com a qual ELE nos agraciou no Amado. E é pelo seu sangue que temos a redenção de nossos pecados, segundo a riqueza de sua graça, que ele derramou profusamente sobre nós, infundindo-nos toda a sabedoria e prudência, dando-nos a conhecer o mistério de sua vontade, conforme decisão prévia que lhe aprouve tomar para levar o tempo à sua plenitude, a de em CRISTO recapitular todas as coisas, as que estão nos céus e as que estão na terra. Nele, predestinados pelo próprio propósito daquele que tudo opera, segundo o conselho de sua vontade, fomos feitos sua herança, a fim de servirmos para o seu louvor e glória, nós, os que esperávamos em CRISTO".

Destes três textos inspirados, o bem-aventurado Frei João Duns Scotus, franciscano, chamado Doutor Marial e Douto Subtil, nos fez deduzir e explicar o Plano de DEUS da seguinte maneira: A Santíssima Trindade, PAI, FILHO e ESPÍRITO SANTO, DEUS infinito em todas as suas qualidades, felicíssimo em sua infinidade e em seu amor mútuo entre as Três Pessoas, quis comunicar esta sua felicidade e este seu amor a alguém... Mas, que alguém, se fora de DEUS nada existia? DEUS, então, resolveu tirar do NADA criaturas a quem ELE pudesse comunicar tais dons de felicidade e amor.

Esta decisão de criar do nada tais criaturas foi feita dentro de um plano. É este plano que vemos descrito nos três textos acima citados, a saber: Primeiramente, o primeiro Ser a ser criado, "primogênito de todas as criaturas", foi o Homem JESUS CRISTO. E NELE, por Ele e Para Ele todas as outras criaturas foram criadas. Por este motivo é que JESUS é REI de todo ser criado. Ele já nasceu, na mente de DEUS, para ser REI, Cabeça de todos os humanos que iriam constituir Igreja — corpo de Cristo. Se São Paulo fala que "Ele é a imagem do Deus invisível", nesta contraposição, ele está-se referindo à "humanidade" de JESUS que é visível, ao contrário de DEUS que é invisível. "Ele é o Primogênito dentre os mortos" ... Ora, se é dentre os mortos ou entre os mortais, está-se referindo a nós humanos que somos finitos e mortais. "Ele é antes de tudo e tudo subsiste nele." "Antes" não no tempo, mas na motivação, na mente de DEUS, antes por ser o motivo pelo qual "o resto" das criaturas iriam ser criadas. E como DEUS é senhor também do tempo, Ele planejou que JESUS só nasceria quando a criação estivesse "no ponto" de recebê-lo.

No entanto, devemos notar logo que a criatura humana, feita à imagem de DEUS, imagensinha finita de DEUS, só corresponderia aos desígnios divinos se a sua natureza humana fosse sustentada por alguns dons acima da natureza. Por isto DEUS deu a Adão e Eva quatro dons *preter* — naturais, de imortalidade, de impassibilidade, de ciência infusa, de harmonia interior. E se estes nossos primeiros pais tivessem sido fiéis a DEUS, adorando-O, louvando-O, agradecendo-Lhe tudo, o reino de JESUS seria pacífico, sem morte, sem pecado... MAS... este pecado veio "borrar" o plano primitivo de DEUS. Eva, seduzida pelo demônio, seduziu Adão com o desejo orgulhoso de "serem como deuses"...

Com este "borrão" na escrita, DEUS não alterou o seu plano primitivo de JESUS ser o Rei de todas as criaturas. Somente resolveu "apagar o borrão" do pecado, fazendo com que JESUS, que viria como REI glorioso, viesse como REI PADECENTE.

O desgraçado do pecado jamais poderia constituir o "centro", a motivação principal da existência de CRISTO. O pecado foi o motivo de DEUS demonstrar seu amor infinito à sua obra das criaturas humanas, fazendo com que JESUS morresse na Cruz para "reconciliar por ele e para ele todos os seres". "E é pelo sangue deste que temos a redenção, a remissão dos pecados, segundo a riqueza de sua graça, que ele derramou profusamente sobre nós, infundindo-nos a sabedoria e a prudência, dando-nos a conhecer o mistério de sua vontade, conforme decisão prévia que lhe aprouve tomar para levar o tempo à sua plenitude: a de em CRISTO recapitular todas as coisas que estão no céu e na terra. NELE, predestinados pelo propósito daquele que tudo opera, segundo o conselho da sua vontade, fomos feitos sua herança, a fim de servirmos para o seu louvor e glória, nós que antes esperávamos em CRISTO."

E, para que os seres humanos pudessem retornar ao plano primitivo da Trindade, DEUS elevou a natureza humana à "participação real e total de sua natureza e vida divina", mediante a graça santificante que é algo sobrenatural, pois nos dá inteligência divina pela fé nos mistérios revelados, a força divina pela esperança de "tornar possível os impossíveis" e a vontade divina pela caridade que nos faz amar até os inimigos e amar a todos "assim como Cristo nos amou".

A Encarnação do VERBO divino na humanidade de JESUS trouxe para nós a possibilidade de vivermos refazendo o plano primitivo de DEUS. JESUS tornou-se "nosso Redentor, para reconquistar a sua qualidade anterior de ser o nosso REI".

A Humanidade de JESUS, que tem como sua Pessoa a PESSOA do VERBO Eterno, nos incita e nos eleva a participar de sua vida divina. O Espírito

Santo, vivendo em nossos corações o Amor Divino, nos faz descobrir e nos iluminar pela Verdade da Palavra do Filho e assim nos leva a fazer a Vontade criadora, evangelizadora, apostólica do PAI.

E aí está o que é SER CRISTÃO.

Perguntemo-nos, então: temos consciência da grandeza de nossa qualidade de "filhos de DEUS" que o batismo trouxe para nós? Cultivamos esta filiação divina pela oração? Meditamos habitual e diariamente nas palavras de Jesus nos Evangelhos? Saboreamos as belezas e as riquezas das Epístolas de São Paulo, de São Pedro, de São Tiago? Alimentamos nossa alma com os sacramentos? A presença real de JESUS na Eucaristia nos faz amarmos mais a Ele?

O cristão, com todos estes recursos dados por JESUS, purifica, eleva, equilibra, santifica todo o seu natural com o sobrenatural que não aliena, mas, ao contrário, dá-lhe a possibilidade de descobrir com mais profundidade a realidade da natureza humana e da natureza de todas as criaturas. A fé que é divina é a melhor fonte da visão das realidades porque é a inteligência do próprio autor de tudo. A esperança confere à fraqueza humana a fortaleza de JESUS diante das dificuldades e do sofrimento. E a caridade é o amor divino que nos leva a amar a todos os irmãos como JESUS nos amou, nos leva a perdoar as ofensas e as injustiças recebidas.

Com tais valores sobrenaturais acrescidos ao nosso natural, o cristão dá um tom mais profundo e mais amplo a todas as profissões que nossa sociedade moderna exige.

O professor, o médico, o advogado, o empresário, o trabalhador, a mulher, o santo, o leigo apóstolo, o político, enfim, qualquer profissão exercida por um cristão deve professar também a dimensão sobrenatural da presença e da vida de DEUS em sua vida.

Daí também nasce a Doutrina social católica que, inspirada pelo Evangelho e pelo Espírito Santo, apresenta a solução para cada um dos problemas de entrosamento humano entre as classes, entre os direitos e deveres de cada um, sempre na luta pela realização da justiça e conquista da paz social.

Onde fica, então, o ecumenismo?

Se o cristianismo é a verdadeira fé, se JESUS falou categoricamente — "Ninguém chega ao PAI, a não ser POR MIM" —, como nós cristãos nos devemos comportar com fiéis de outras crenças, como o judaísmo, o maometismo dos muçulmanos, o hinduísmo, o espiritismo, etc.?

Respeitando a consciência subjetiva de cada um destes crentes, não podemos vender barato o "Caminho, a Verdade e a Vida" que é JESUS, chegando ao exagero de dizer que "todas as religiões são boas".

Nosso dever e nossa convicção da verdade única do cristianismo católico está baseado em um fato único da história: A Ressurreição de JESUS!!!

Continua de pé para nós o dever de sermos missionários da verdade de CRISTO, sem com isto forçarmos ninguém a aceitá-LO. A conversão ao cristianismo católico é obra de uma liberdade e principalmente da ação da GRAÇA DIVINA.

Sejamos verdadeiros cristãos, santos, e estaremos apressando a conversão da humanidade toda para JESUS CRISTO.

O RELIGIOSO
A VIDA CONSAGRADA

A Consagração Religiosa

Na rapidez da história em que vivemos hoje, ou na aceleração violenta do progresso desenvolvimentista atual, o evoluir da secularização obrigou a todos nós cristãos a entrarmos em um momento dialético de antítese, de contestação de tudo, de inteiramente tudo aquilo que já era conquista feita pelos séculos de cristianismo já passados.

Contestação que não conseguiu ser negação e anulação, porque a Igreja é mestra em superar crises, mas que conseguiu pelo menos ser somente crise, e esta crise, mesmo violenta, serviu para interiorizar-nos a todos, jogando-nos num cadinho de provação, de maior acrisolamento e pureza, da autenticidade, da simplicidade e da profundidade das coisas do Pai trazidas por JESUS para o meio dos homens.

DEUS, CRISTO, MARIA SANTÍSSIMA. Sacerdócio, Eucaristia, Pecado, Vida Religiosa e seus votos consagradores, tudo, inteiramente tudo, sentiu os golpes impiedosos, muitas vezes desmitizantes e purificadores, outras vezes agressivos, negativos e destrutivos, absolutizando em sua fúria outros relativos, talvez mais relativos do que aquele que havia desmitizado. A secularização adquiriu muitas vezes a feição e o jeito de secularismo, negando a Deus qualquer lugar na construção da casa que Ele mesmo construíra: "Veio para o que era seu e os seus não O receberam"...

Hoje, graças a DEUS e à colaboração dos homens de boa vontade, tais realidades saem acrisoladas, ressuscitadas após o período de exinanição, de humilhação, de *kênosis*, de *kátharsis*, de purificação.

Não vamos aqui meditar, nem pelo sim nem pelo não, as estruturações teológicas que hoje surgem comprovando totalmente a consagração religiosa.

Procuraremos falar não na linguagem objetiva dos teólogos e moralistas, mas na linguagem assim chamada radical, próxima da linguagem da mítica cristã, existencial, que procura viver o radicalismo do Evangelho e que atinge as realidades divinas em sua realidade eloqüente pelo silêncio a que no reduzem.

Dentro deste prisma que não quer fazer impostações ou comprovações ideológicas, o que significará para nós a consagração religiosa?

Que sentido vivencial terá, então, para cada um de nós a doação que fez de si, de todo o seu ser e vida ao Pai?

Em que momento de evolução interior, misto de maturidade psicológica e de infância espiritual que se interpenetram e se identificam, haveremos de colocar como que uma exigência de uma consagração?

O ser humano, como pessoa, em sua linha vertical de profundezas psicológicas e de contato com este mundo interior, imagem de DEUS, sente em si a tendência de superar a si e de encontrar a sua explicação, sua justificação e seu apoio em algum ponto transcendente, fora e além de si, que o envolva em toda a sua imanência.

No entanto, o homem tem também uma linha horizontal, é um ser que nasceu para conviver com coisas e pessoas; é um ser relacional por essência, ele e seu mundo e seu eu constituem juntos uma unidade. Dissociá-los seria esquartejar o sentido pleno de ambos: diversificam-se para se complementarem numa unidade antropológica e social indestrutível.

Estes "outros", ou seja, coisas e pessoas, também finitos, relativos e transitórios, além de estarem sob o mesmo regime de auto-insatisfação, de auto-inexplicação e de auto-injustificação, nem em particular, nem em seu conjunto, poderão servir de absoluto para o homem, assim como ele também não serve de absoluto para eles.

Vivem todos em um regime de precariedade, com o absurdo nos convidando como o leão que ruge e devora, como um absoluto negativo substituto do absoluto positivo que é DEUS.

Consagração válida ou será um assumir destes dois mundos do homem, ou melhor, destas duas linhas de seu único mundo e um entregar dele a DEUS, ou, então, não será consagração.

O homem que se consagra — sacerdócio régio que dá voz laudatória a toda a criação —, ao se consagrar a DEUS, estará carreando em sua consagração todo o seu mundo relacional: coisas e pessoas que enchem a trama de sua vida diária serão atingidas pela consagração por causa da nova ótica e manuseio que o homem consagrado lhes devotará.

E como se inicia tal processo evolutivo de consagração? Como ele, progressiva e gradualmente, atingirá a sua plenitude em nós?

É claro que, em geral, tal plenitude não coincidirá com aquela consagração que de fato fizemos incipiente, embora eterna, no final de nosso noviciado ou em nossa profissão perpétua.

É claro também, ao contrário, que, até mesmo no nascedouro, a consagração feita um dia no tempo inclui em seu bojo toda uma riqueza capaz de envolver "novidades" que o amadurecimento humano-psicológico for trazendo ao homem consagrado, "novidades" que são surpresas desconcertantes máxime para os imaturos. Riqueza esta tão grande que tem todo o estofo e gabarito para ser eterna, enfrentando a fatuidade ou o apodrecimento de tudo que é meramente humano.

O vento do Espírito Santo, que sopra e empurra um cristão para as alturas da consagração, começa sorrateiro como um sussurro quase imperceptível em sua profundidade, embora às vezes grosseiro e palpável em seu aspecto táctil, sensível ou sentimental, que no entanto é ainda periférico, é epidérmico em seu conjunto.

"Este vento do Espírito Santo inicia sua carreira" cá embaixo, nas estepes áridas dos mandamentos que nos apresentam horizontes estreitos, enquadrados, embora necessários para o homem desintegrado — *Paidagogos eis Christon* — "pedagogo que leva a Cristo". Mandamentos que são balizas que nos apontam para o lado de baixo o abismo do absurdo, da desintegração total, da obscuridade ilógica do pecado.

Nesta aridez dos trilhos dos mandamentos, o cristão tem a impressão de caminhar a sós, de trabalhar sozinho de todo.

Embora tenha fé em DEUS, este DEUS lhe parece distante demais para sentir sua companhia e auxílio. Tem de andar desbastando os intrincados nós do egoísmo, do autonomismo, da autolatria. Tem de enfrentar e vencer o império da Lei a que ainda está sujeito neste início de sua escalada.

Então, somente à medida que ele se reintegra no domínio da imagem de DEUS, à medida que tais mandamentos de DEUS, esculpidos na pedra fria por Moisés, são descobertos como expressões vivas no coração de carne, à medida que o cristão percebe neles o mínimo necessário, a condição primeira para desfrutar da sadia naturalidade, na mesma medida surgirão para tal cristão os horizontes da libertação e da liberdade dos filhos de DEUS.

Liberdade esta conquistada palmo a palmo no suor de um radicalismo purificatório, e no jejum de um "não-uso" voluntário das criaturas a fim de que as profundezas maculadas do nosso psiquismo descubram dentro mesmo de si as luzes capazes de nos colocar na nova dimensão de equilíbrio do domínio relativo, mas já razoável de seu próprio EU.

É, então, sob o sopro do Espírito Libertador, da humildade e da mansidão, aprendida de Cristo, que o cristão, rei colocado no trono da graça deste CRISTO, sentirá o mundo aos seus pés e a seu serviço.

Passado este túnel desta primeira noite, o cristão nasce para uma nova vida, cheia de luz da verdade. O próprio EU deixou de ser o eixo em torno do qual o mundo e tudo girava. CRISTO reconquistou o seu lugar de eixo, de centro centrípeto e centrífugo. O cristão que vivia por si e para si, arribado só nos seus tacanhos juízos e interesses escusos, agora já vive por CRISTO.

Firmado o CRISTO como eixo, como fundamento em torno do qual toda a personalidade humana do cristão passa a ser elemento, vem a descoberta apaixonante da humanidade de JESUS. Verdadeira ponte entre as margens divina e humana do abismo cristão, tal humanidade de JESUS, pontífice ou construtor de ponte e ponte ELE mesmo, se apresenta como tábua de salvação ao náufrago. O JESUS histórico, vivo no Evangelho e na Eucaristia, reproduzido no irmão, surge com todos os seus atrativos humanos para prender e cativar a raposa que somos nós.

CRISTO homem, CRISTO rei por predestinação absoluta é, então, o Caminho da Verdade para a Vida. É então que o cristão compreende o sentido de viver com Cristo.

Sua companhia é Luz, é sentido, resposta, é o único absoluto que surge dentro da relatividade que nos rodeia, é a transcendência em regime de transparência dentro de nossa imanência.

Assim com Cristo, o cristão toca as coisas e pessoas com as mãos puras de CRISTO, vê coisas e gentes com os olhos de CRISTO. Desfruta de tudo com a liberdade que o domínio das virtudes lhe confere.

É um período de paz, de realização tanto pessoal quanto eclesial e comunitária; época em que os ideais e missões se concretizam.

A meu ver, é aqui, neste momento, quando o cristão começa a saborear os rápidos gostinhos do eterno no presente, que DEUS inicia o preparo espiritual para o que chamamos de consagração religiosa.

Aqui, neste estágio do processo, vão empatar maturidade humano-cristã e apelo a uma consagração.

Antes, entendíamos os contornos teóricos, as linhas definidas da teologia da consagração, sua validez e autenticidade, mas não a tínhamos ainda vivenciada, apropriada e encarnada em nossa pessoa em suas dimensões de "altura e profundidade, de largura e extensão".

Realmente, um tal cristão não pode mais viver de uma religiosidade superficial, somente de fórmulas repetidas, ou de sentimentalismo piegas, mas também ainda não vive da fé pura, da escuridão luminosa do mistério, do vazio que é plenitude.

Engatinha firme os passos da esperança; já balbucia o bê-á-bá do mistério divino da fé; treina seus bracinhos no amplexo do amor ao PAI e aos irmãos pela caridade incipiente. E é então que se fazem os prenúncios do novo regime da consagração.

E, assim como nas Escrituras, o aproximar de DEUS em direção ao homem se fazia preceder ora de nuvens, ora de coluna ou línguas de fogo, ora nas muitas águas, ora no sopro impetuoso, assim as exigências do DEUS de amor irão preparar o homem para a sua plena consagração.

Mergulhado na nuvem de uma fé agora mais escura e por isto mais pura, mais silenciosa e por isto mais eloqüente, o cristão experimentará o ribombar de trovões e o fuzilar de relâmpagos das muitas crises que o irão atingir bem mais no cerne de sua pessoa masculina ou feminina; sentirá faltar-lhe o chão para os seus pés como se estivesse submergindo nas águas ou se atolando em fossas. Vento impetuoso de um novo Pentecostes surge então em sua vida de cristão vocacionado. Colocado em regime de kênosis, mergulhado até o pescoço nas limitações do relativo, o cristão, que já se esforçava por viver com CRISTO, recebe o convite para uma vida EM CRISTO.

E um novo túnel, em estilo de funil que se afina cada vez mais, lhe é oferecido como passagem para sair da etapa anterior para a grande síntese do EM CRISTO.

Mãos cheias de conquistas já acumuladas em suas lutas anteriores, o vocacionado para uma consagração não poderá passar no gargalo desta nova catarse ou purificação, ou desta nova e enorme crise que o acrisolará ainda mais, se não tiver bem nítidos e enraizados na mente, e sobretudo no coração, o sentido e o alcance da CONSAGRAÇÃO.

É o grande momento da CONSAGRAÇÃO.

Então, ou a pessoa em questão se consagra a DEUS, ou vocacionado para tal risco e compromisso, perderá as conquistas e desviará o rumo, ou, em última análise, tornar-se-á um peso morto, um boi a mugir arrastando a duras provas a si mesmo e emperrando o carro dos outros.

Consagrando-se não só de boca, mas de fato, aceitando as regras do jogo, regras agora mais árduas e mais exigentes, regras do jogo de DEUS, o resultado será que da solidão em que ele é posto, ele lucrará conquistando a solidariedade; do escondimento que ele irá preferir, ele receberá de DEUS a promoção; do silêncio aceito, ele irá tirar mais eloqüência e poder de persuasão com a eloqüência da vida; no serviço que gostosamente ele presta, os outros verão a autoridade...

Se o primeiro túnel o fez superar o regime da Lei, este novo túnel o encaminhará para a superação da liberdade pela consagração.

Não que a consagração suprima a liberdade, mas de tal maneira a eleva ao máximo de doação que nossa liberdade finita e limitada começará a se infinitizar, porque, estando EM CRISTO, EM DEUS, começará a ter a plenitude da infância daqueles que são dirigidos pelo Espírito Santo.

É o regime dos Dons do Espírito Santo, o regime do vento que sopra sem que se saiba nem de onde vem nem para onde vai..., mas que sempre tem a pontaria certa.

Dons do Espírito Santo que irão dar ao cristão as conotações de agilidade ou rapidez na execução, docilidade e heroicidade de abraçar coisas difíceis: qualidades necessárias para uma efetiva vida consagrada.

DEUS quer então do consagrado que ele alcance o estado mais permanente possível e não só transitório, de um amor que já não discute. Isto porque deu o seu SIM total Àquele ao qual servir é reinar; porque fez a oblação de si ao Libertador divino, cuja tirania de amor nos obriga — "A caridade de CRISTO me obriga", dizia São Paulo.

Consagrar-se é sair do estado de dialogicidade, ou seja, do estado de contínuas barganhas de comerciante a negociar e a negacear com Deus e caminhar para o estado de gratuidade e totalidade do Dom de si, certo de que Ele, o Infinito Amor e DEUS vivo, jamais se deixará vencer em generosidade.

A pessoa consagrada viverá a consagração de sua vida quando souber elevar a si as coisas e as pessoas de "seu" mundo ao nível da consagração. Deverá, então, manter e manifestar — e isto é o próprio da consagração — primeiramente um grande, um profundo apreço pelas coisas e uma grande amizade por pessoas humanas. — "Eu gosto muito de gente", dizia João XXIII.

E, concomitantemente a este entranhado apreço pelas criaturas das quais pode usar com liberdade, o consagrado terá a superação de ambos, das coisas, das pessoas e de si mesmo, em DEUS, por DEUS e para DEUS.

Apreço às criaturas que, já o tendo libertado de todo azedume do falso puritanismo ou de um desorientado desapego ou desprezo pelas criaturas, ao contrário, colocar-lhes-á nas mãos uma experiência positiva de tudo aquilo a que deve renunciar.

Apreço que é positivação experimental do conteúdo das coisas, pessoas e de si mesmo, e que irá jogá-lo, pela consagração, no regime de risco permanente e do pulo no escuro.

E, depois, a superação. Que jamais poderá ser um desprezo por tudo aquilo que já amou com a mais pura e santa liberdade. Nem poderá ser fuga de um mundo bom porque de DEUS e porque tal mundo foi também consagrado pela presença e uso do Verbo encarnado. Nem será o desespero de alguém frustrado no projeto fundamental de sua vida pela não-realização de seus intentos. Nem, enfim, a demonstração de incapacidade para se realizar noutros campos da vida humana.

NÃO. A superação a que a consagração nos eleva é a vivência serena do MAIOR que contém em si o MENOR, do continente que é DEUS, com o conteúdo que somos nós e nosso mundo; do absoluto dando sentido ao relativo.

Ao consagrado compete, pois, viver do Absoluto superando divisões e esquartejamentos de quem só vive no relativo das criaturas sem sua integração no Absoluto.

Viver a Consagração com estas duas atitudes fundamentais de apreço e de superação é ter nas mãos a possibilidade e o equilíbrio para um completo uso das realidades relativas, como a sexualidade, a propriedade, a liberdade pessoal, sem, no entanto, absolutizá-las nem o uso delas para si. Ao contrário, escolherá voluntariamente a vida oferecida a DEUS, na imitação da exinanição de JESUS seu mais que ninguém, podendo usar das criaturas todas, escolheu, porém, o "último lugar" em tudo, a ponto de ninguém conseguir demovê-lo daí, no dizer de *Charles de Foucauld*.

Opção voluntária, cheia de maturidade, lucidez, que nada deve ficar devendo à ingenuidade, à ignorância, à imaturidade psicológica, nem à carência emocional, nem ao falso temor, nem ao falso pudor.

É esta superação de todo o criado a quem continuamos devotando todo nosso apreço e amor, que constitui o sinal escatológico, o espanto do sinal, "o escândalo para o bem", o apontar para algo mais que deve existir em toda a nossa vida religiosa.

ALGO MAIS escatológico que pertence ao regime e ao compasso de eternidade e que, no entanto, em modo incipiente, já é vivido por nós.

É nesta trincheira do eterno inserido no presente, é nesta linha divisória que para o religioso se adelgaça, linha entre o divino e o humano, que o religioso vai encontrar o seu clima de risco permanente, de desinstalação habitual, do provisório aceito.

Risco que é muito diverso do perigo, pois dizia Santo Agostinho: "Quem ama o perigo, cai no perigo", "Quem vive no risco, vive o clima de santidade", dizia *Foucauld*.

Risco é sem egoísmo e sem captação, conta com o auxílio da graça porque é humilde e desconfiado de si. Perigo é captativo, confiado em suas próprias forças... e daí a queda.

É assim que a consagração religiosa é contestação do mundo. Bem entendido, entre os cinco sentidos que "mundo" pode ter para nós, devemos contestar o mundo do pecado e do ódio ao Senhor, bem como o mundo da cultura e da civilização materialista de consumo, de competição e de massa dos materialismos de esquerda e de direita em que vivemos.

Ao contrário, porém, destes dois "mundos maus", devemos aceitar o mundo com criação de DEUS, o mundo social do relacionamento humano, "mundos bons" nos quais devemos realizar a teologia viva das realidades terrestres. Enfim, diante daquele mundo próprio dos leigos cristãos, mundo de ordem temporal que eles consagram com o casamento, com o engajamento profissional e com a participação político-partidária, nos religiosos devemos contestar no bom sentido do termo, ressaltando que por mais que eles consagrem tais esferas humanas, da família, da economia, da política, existem valores diversos destes e que merecem ser vividos nesta terra.

E, se a felicidade e a profundidade do amor humano de um casal cristão podem servir de contestação ao puritanismo, ao angelismo, à carência psicológica de um religioso, a nossa vida de consagrados, por sua vez, deve proibir-lhes de se instalarem e de absolutizarem tal amor humano como a única ou principal esfera de amorização.

Se o uso reto e caridoso, inteligente e desapegado do dinheiro, se a distribuição de todo o supérfluo aos necessitados por parte de um leigo cristão rico podem servir de contestação à alienação, à burguesia instalada de um frade, a nossa vida religiosa, porém, deve lembrar-lhes, por nosso testemunho de pobreza livremente assumida, que o bezerro de ouro não é deus que mereça tal adoração e culto, que não temos aqui cidade permanente, que o dinheiro não traz felicidade, mas sim a pobreza que nos faz felizes porque nos acostuma a nos contentarmos com pouco e a nos enriquecermos de DEUS.

Enfim, se o poder de autodeterminação dos leigos cristãos lhes conferir uma sadia personificação que contesta a despersonalizada apatia, o servilismo rastejante e o intratável anticomunitarismo de algum frade, a nossa vida de consagrados, por sua vez, se dóceis ao sopro do Espírito Santo, dar-lhes-á um testemunho e uma contestação, mostrando-lhes quão vasto é o campo de realização pessoal que a Providência Divina oferece a quem sabe realmente fazer o obséquio racional de sua vontade e obedecer até à morte de Cruz como Cristo.

Consagração, pois, é um apontar para o além, é um comprovante já aqui daquilo que está por vir, é um confirmar da beleza e da bondade da criação quando se lhe dá uma pontaria para o alvo Divino.

Perguntemo-nos honestamente: será que somos nós ainda que contestamos o mundo, apontando para o alto, ou é o mundo que já nos contesta, exigindo de nós aquilo de que ele tem sede e que hoje parece procurar no esoterismo, no exotismo, etc.?

Será que o mundo não pede um "ALGO MAIS" para o seu carro e nós não encontramos tal combustível nem em nosso motor?

Enfim, o maior fulcro de nossa consagração — Elizabeth Leseur, em uma frase que ficou muito conhecida: "Quem se eleva, eleva o mundo." Diríamos nós: Quem se consagra, consagra o mundo. Nossa consagração deverá responder ao maior desejo de nossa história atual — "O desafio de amor entre os homens". "Não faça a guerra, faça o amor" ... E, no entanto, o mundo inteiro explode em guerras e ódios.

"Vêde como se amam", deveriam dizer os homens de nós. COMO se amam!!! A força está no como. E como nos amamos de fato? Com que amor nos amamos? Como um amor que dê testemunho de virgindade sem partilha, de doação integral ao irmão, ao irmão que está em DEUS a quem nos doamos? Amor e amizade qual a iremos ter na eternidade já aqui vivida encarnadamente, sem divisão e sem a tribulação da carne? Amor de fraternidade EM DEUS que se comprovará fazendo de nós, como queria *Foucauld*, irmãos "universais e cidadãos do mundo".

E assim nos abrirá para a maior prova de amor: a diaconia, o serviço, o lavar os pés de nossos irmãos e de nos deixar devorar pelos outros. *Je veux d'être mangé*, dizia *Foucauld*: "Eu quero ser devorado."

Serviço, primeiro aos Domésticos da fé, depois de preferência aos escolhidos de Cristo: os pobres. O "sacramento dos pobres", no dizer de *Bossuet*, enfim, aos irmãos de todo o mundo, numa catolicidade bem própria de São Francisco.

Fraternidade e Diaconia que estão sintetizadas na figura bíblica do cordeiro. Cordeiro que vive em profunda união com o seu Pastor, num fraternismo até bucólico e romântico. E Cordeiro que se imola a serviço de seu Amo a quem ama — dando-lhe o leite, a lã e a carne e, enfim, a vida. Cordeiro que em figura sintetiza as bem-aventuranças de Cristo que deveriam ser a Regra, as Constituições, a Norma de vida do religioso.

Terminemos com esta simples e contestatória inquisição: Quais as áreas de nosso ser e de nossa vida que ainda não estão de fato consagradas? Qual o grau de pertença de nossa pessoa em relação ao Pai, a Cristo que nos cativou e ao Espírito Santo que nos adotou?

SENHOR, já que me cativaste e fizeste vosso amigo, cuidai, pelo atrativo da oração, de renovar sempre este nosso compromisso de amizade.

Frei Luís Maria Sartori

O Santo

Quando falamos a palavra "santo", sabemos bem o que vem a ser um "santo"? O povo cristão como venera os santos? Quem é santo? O que vem a ser um santo para o povo cristão? Qual é o conceito popular sobre quem é um santo? Que atitude geralmente se tem diante de um santo? Será que o cristão vê alguma relação do santo com JESUS e com DEUS? Ou tal veneração se compara a algum herói? Haverá um pouco de idolatria neste culto aos Santos? Que tipo de heroicidade tem o santo diante de nosso povo cristão? Igual a de um Tiradentes, a de um Cabral, a de um Pelé? Será que os santos estão levando os cristãos para JESUS?

O Santo, no correto conceito católico, é aquele cristão que conseguiu ser dirigido, ou deixar-se dirigir e ser sustentado por DEUS, mediante a graça santificante de JESUS.

Para ser dirigido por DEUS é deixar de ser dirigido pelo seu próprio egoísmo.

É viver sofridamente, humildemente, a sua própria maldade, a sua fraqueza para dar lugar à santidade da graça e à fortaleza da virtude divina. "A virtude divina se aperfeiçoa na fragilidade humana", dizia São Paulo.

Para isto nos é necessária a humildade de coração, ou seja, viver com realismo o que repetia o mesmo apóstolo: "É preciso que ELE cresça, e eu diminua", ou ainda: "Não sou eu que vivo, é CRISTO que vive em mim."

Humildade de coração é o esvaziamento deste coração do egoísmo para dar lugar à Presença de DEUS pela graça. Coração humilde é o silêncio interior, calando o máximo possível os apelos do orgulho, do egoísmo, da distração, do apego demasiado às realidades passageiras. "Aprendei de mim que sou humilde de coração", disse JESUS.

Silêncio do coração para escutar a Palavra de JESUS. Submissão e ao mesmo tempo elevação da razão para ser guiada pela fé. Fé sobrenatural que deve estar no começo, no meio e no fim da vida do cristão. Fé que é Dom solicitando de nós o dom de nossa razão, ou, como diz São Paulo, o "obséquio" da nossa inteligência diante da realidade do mistério. Fé que é o começo, a base da santidade. Fé que vai exigir de nós toda uma prática de virtudes que mantenha atuante a vida da fé. Humildade de coração que confia em DEUS, desconfiando de si mesma.

O santo é uma obra da graça divina. DEUS acha graça em alguém e SE dá de graça, exigindo uma gratidão por este Dom, gratidão que significa uma colaboração total de verdadeira conversão, de uma "virada pelo avesso" de nosso eu maculado pelo pecado.

O próprio JESUS nos mostrou este caminho: solidão no Horto das Oliveiras, abandonado por todos os seus apóstolos, flagelado, coroado de espinhos, crucificado e morto... Algumas passagens do Salmo 68: "Salvai-me, ó DEUS, porque as águas vão me submergir. Já estou cansado de tanto gritar... Mais numerosos que os meus cabelos os que me detestam sem razão... Tornei-me um estranho para meus irmãos, um desconhecido para os filhos de minha mãe... Tornei-me um ludíbrio para eles... Livrai-me dos que me detestam... Esperei em vão quem tivesse compaixão de mim, quem me consolasse, e não encontrei. Puseram fel em meu alimento e na minha sede deram-me vinagre a beber... Eu, porém, miserável e sofredor, seja protegido, ó DEUS, pelo vosso auxílio... E o glorificarei com ações de graças. Ó vós, humildes, olhai e alegrai-vos; vós que buscais a DEUS, reanime-se o vosso coração, porque o Senhor ouve os necessitados...". Aí estão descritos com exatidão os pólos da miséria humana e da misericórdia divina dada aos humildes de coração.

Mas JESUS fala ainda da sua mansidão como caminho para a santidade... O que é ser manso? A melhor definição e a mais próxima da prática é a de "energia controlada".

Mansidão, pois, não se confunde com moleza, com falta de caráter, com "maria-vai-com-as-outras". Cristo foi manso quando, com um chicote, expulsou os vendilhões do templo — "Fizestes da casa de meu Pai um covil de ladrões" —, pois a sua fúria e violência estavam sob o controle de sua vontade e usadas de maneira necessária; JESUS foi também manso quando, flagelado numa coluna pelos soldados de Pilatos, suportou com firmeza golpes tão cruéis. Energia controlada para enfrentar um apostolado difícil, para continuar fiel ao carisma dado por DEUS como uma missão; para suportar com paciência, humildade e perseverança uma doença incômoda e incurável; para perdoar ou suportar a "penitência da vida em comum"; para vencer as contradições, etc.

Para seguirmos JESUS em sua humildade de coração e mansidão, nós precisamos do auxílio divino da graça santificante. Sem esta presença atuante, cada vez mais consciente, nos é impossível seguir este "caminho da verdade para a vida".

Que sinais, que resultados tal influência da graça divina apresenta em nós como prova desta santidade cristã?

Primeiramente, a gloriosa "liberdade dos filhos de DEUS".

O santo homem pode e deve apresentar uma meiguice, uma ternura, uma delicadeza notória, mas não será, todavia, um efeminado. Pelo contrário, quanto mais santo, mais masculino. O mesmo se diga da mulher que se santifica, apesar das virtudes da fortaleza e da prudência, quanto mais santa, mais feminina, pois a santidade reconstitui tudo de bom da natureza dada a nós pelo Criador. O Redentor, com sua cruz, nos conduz ao Criador que nos fez imagens de Si. Santa Clara, ao expirar, disse a sua última palavra, despedindo-se deste mundo: "Obrigado Senhor porque me criaste."

Os santos canonizados receberam esta honra porque DEUS fez por meio deles, para revelar ao mundo pagão e cristão, a realização de milagres.

Nós, povo cristão, não podemos nem devemos parar na invocação dos santos para pedir graças de cura, ou de outros benefícios para nós, mas devemos seguir o caminho que eles nos indicam: JESUS!!!

Muitos fiéis se dedicam muito a algum santo e se esquecem de JESUS. Já presenciei o fato de fiéis passarem em todos os altares com santos em uma Igreja e nem darem conta do JESUS exposto solenemente no Santíssimo Sacramento.

Outros não perdem a festa de São Judas Tadeu, de Santo Antônio, de Santo Expedito e, no entanto, nem vão à Missa dominical, nem fazem sua Páscoa anual e sua confissão sacramental.

PORQUE, ENTÃO, O SANTO Padre João Paulo II canonizou, até agora, 476 santos e mais de mil bem-aventurados?

PROVAVELMENTE PARA CHAMAR A ATENÇÃO DOS CATÓLICOS, DOS CRISTÃOS E DOS HOMENS ATUAIS para o fato de que cristianismo autêntico é amar a Deus e ao próximo, como ELE amou.

MARIA Santíssima erguei os nossos olhos para JESUS e nos dê a vossa humildade que atraiu sobre vós o Espírito Santo.

O Profeta

Pro = feta do latim: PRO no lugar de. FARI falar. Falar em nome de.

O conceito que comumente se faz de um profeta é daquele homem que prevê o futuro, que anuncia algo que está por acontecer, algo de muito bom ou algo de muito mau.

No entanto, o sentido radical e original de profeta é daquele homem que fala em nome de DEUS, que é escolhido para uma missão em geral difícil e que encontrará muita resistência por parte daqueles a quem foi enviado... Quantos profetas morreram assassinados.

O profeta é um homem profundamente radicado em sua época. Ele sente em sua carne, ele vive, ele sofre mais que outros homens os aspectos negativos de uma humanidade em decomposição moral e social. E é justamente o abismo que separa este aspecto negativo do aspecto positivo da solução que o Evangelho apresenta, e que ele, o profeta, anuncia, que faz o seu sofrimento. E isto porque os próprios ouvintes a quem ele dirige a sua mensagem evangélica, não só custam a entendê-lo e a aceitá-lo, como oferecem resistência à sua pregação. Não querem abandonar seus costumes acomodados e alienados e egoístas para uma vida nova proposta pelo profeta.

• profeta não propõe medidas superficiais para os profundos problemas humanos, sociais, econômicos e políticos, mas suas propostas atingem as raízes humanas mais simples e ontológicas. Com a visão concreta dos problemas do presente, ele aponta para um futuro. E este futuro exeqüível para trazer a paz, mas exigente de profundas conversões, é que faz do profeta um homem de contradição, pois ele contraria o presente mau em vista de um futuro melhor. E como a visão profética é muito contestatória, é muito garantida em sua certeza nascida da Palavra de CRISTO, sua pregação é dificultada pela resistência de todos os que não têm a mesma visão.

E como seria o profeta para os nossos tempos atuais? Que abismos ele indicaria como sendo os mais perigosos para a humanidade? E que soluções cristãs ele apresentaria para um futuro de justiça e de paz?

Os "sinais dos tempos" a que JESUS se refere é algo que se faz necessário conhecer... e eles são tão numerosos, tanto os negativos como os positivos, que só a sua enumeração encheria alguns livros (Veja-se, por exemplo, o nosso livro "Cristãos ano 2000 — Sinais dos tempos." Ed. LTr).

Vamos aqui nos lembrar daqueles que se referem a esse abismo entre o Evangelho de justiça e paz e o homem moderno.

Por exemplo: "... a inércia que põe as igrejas em risco de ser constrangidas a fechar-se em pequenos grupos ardentes, refúgio das almas inquietas, mas inacessíveis à grande massa das almas pouco exigentes, que pouco ou nada se apoquentam com o tormento do infinito." A descristianização maciça... A desumanização inquietante. "Não é só o cristão que desaparece, ...é o próprio homem que está ameaçado." "Roído pelo nada, acossado até ao absurdo, porque está separado de DEUS, o homem é uma interrogação na noite." (K. Jaspers)

Expressões estas que nos mostram que a Pessoa Humana — o maior valor da criação — hoje está sendo banalizada, está virando objeto de venda, o trabalhador é tido como uma máquina, o trabalho como uma mercadoria e o salário como um preço: o Homem não tem mais voz com vez de voto dentro das empresas, assim como o boi que trabalha, mas não fala.

Numa síntese admirável, o Frei Constantino Koser, que foi Ministro-Geral dos franciscanos durante uns dez anos, em um livro "Vida com DEUS no mundo de hoje", apresenta sinais de uma enorme precisão em três níveis: do ambiente; da vida interna da Igreja e das atitudes individuais.

Os sinais do ambiente são os seguintes: — os homens viveram em função dum mundo além da experiência; — diminui a fé neste mundo além da experiência; — estilo de vida em que se atrofia a vida com DEUS; — o maior conhecimento das causas Segunda faz esquecer a presença ativa de DEUS; — o impacto da experiência de eficácia técnica sobre a oração impetratória; — ganha terreno o ateísmo prático; — nossa imagem subjetiva de DEUS e seu confronto com a realidade do cosmo; — a cosmovisão atual contrasta com nossa cosmovisão religiosa; — nossa religiosidade contrasta com o que sabemos do homem; — a eficácia como critério de certeza e a nossa vida com DEUS; — desencanto com símbolos e significações; — secularização, secularidade e secularismo; — o "horizontalismo" contra o "verticalismo" da existência.

Os sinais da vida interna da Igreja são: — contaminação do ambiente eclesial; — pesquisas que destruíram um mundo de idéias feitas; — crise em conseqüência de pesquisa Teológica; — desencanto com o passado e falta de formas novas; — dificuldades de inserção no mundo novo; — humanização contra evangelização; — ação pastoral contra a vida interior.

Os sinais das atitudes individuais são: — predomínio de atitudes nem sempre conscientes; — hábito de aceitar como critério de valor a eficácia prática; — hábito de aceitar como critério de valor a velocidade; — opção pela evolução contra o fixismo, pelo presente e pelo futuro contra o passado; — opção pela lei do sujeito contra o objeto; — ceder aos desejos e não domínio de si mesmo; — cultivo do consumo contra a austeridade; — cultivo da distração contra o recolhimento; — reação a normas e formas fixas, a favor da espontaneidade; — o impacto da sociologia; — as relações pessoa — grupo e seus reflexos na vida com DEUS; — idolatria do eu contra a vida com DEUS.

Para cada um destes títulos, o autor tem uma ou mais páginas de comentários, bem como, para cada um destes aspectos negativos, o Frei Constantino apresenta soluções cristãs.

O Espírito Santo, que dirige a história dos cristãos e do mundo, tem inspirado soluções que, a partir de uma intensa vida interior de fé na presença e no amor de JESUS por nós, nos encaminha pela verdade dos fatos e da mensagem do Evangelho a uma vida de envolvimento dos aspectos positivos modernos na construção de uma "cidade de DEUS" bem encarnada no meio dos homens.

Haja vista, como exemplo de tal atuação, a atual e forte tendência católica para a vida interior e das pastorais específicas que encaram os diversos problemas humanos com profundidade e os encaminham para as soluções cristãs da doutrina social católica.

Vários são os profetas atuais que falam em nome de DEUS e levam com coragem e sacrifício as soluções católicas, contra todos os opositores materialistas e ateus.

O Pobre

A Igreja Católica sempre chamou a atenção acerca da predileção de JESUS para com os pobres. Mas parece-nos que "eles" andaram meio esquecidos na prática. Atualmente, diante da insistência do Papa João Paulo II, o pobre volta a ocupar lugar de destaque não só nas pregações, mas na dedicação das várias pastorais surgidas na Igreja.

Vejamos em etapas o que vem a ser realmente um pobre:

1. Como DEUS manifestou na Bíblia seu apreço pelo pobre.

Em toda a Bíblia perpassa esta predileção de DEUS pelo pobre.

No Antigo Testamento, vários termos exprimem o "pobre", a saber: "Rash", termo ainda um pouco vago. "Ebyon", que vem de "aba", significa o desejoso, o mendigo, aquele que espera, que suplica, que implora a caridade pública (Ex 23, 6-11). "Dal", cuja raiz é o hebraico "dalat", ou seja, o fraco, o desprezível, o pequenino, o deficiente, e quando vem junto "dallat has ares", significa os proletários do campo, as classes mais fracas da nação (2 Rs 24, 14; 25, 12; Jr 40, 7). "Anir" da raiz "anah" tem o sentido de o oprimido, o humilhado, alguém curvado diante de alguma injustiça ou fatalidade, está rebaixado. E o termo mais conhecido "anaw" encerra um cunho religioso, de alguém que se curva diante de DEUS.

Tais termos são usados na Bíblia com sentidos que se completam: Amós 4, 1; Isaías 10, 2; e 11, 4; Salmos 37, 11; 72, 2; 82, 3-4; Deuteronômio 15, 11; Provérbios 19, 17; e 22; 29, 7 e 14; 30, 8-9; Jó 24, 2-12; 34, 28; Eclesiástico 4, 1-6.

Nestes textos se vê o pobre em nível econômico (o fato de "não ter"); social (não é tido como uma classe humana); político (sem voz nem vez de voto na comunidade); e cultural (não saber nem poder); e no nível religioso o pobre tem uma conotação positiva de preferido por DEUS.

São tratados como o "resto" que DEUS vai utilizar para realizar o Reino.

Tal idéia começa em Isaías 4, 3: "Acontecerá que os que *restarem* em Sião e os que forem deixados em Jerusalém", e em 6, 13: "E se ainda *restar* uma décima parte, esta tornará a ser debastada como o terebinto e o carvalho que, ao serem abatidos, resta deles apenas o tronco. Seu tronco é uma semente santa." (Is 6, 13). E o povo de Israel, acostumando-se com esta idéia de "resto", já se chamava assim: "Chegou meu irmão Hanani com alguns homens de Judá. Eu lhes perguntei como iam os judeus — o Resto que tinha escapado do exílio — e como estava Jerusalém. Eles responderam: *O resto que sobrou do exílio vive lá na província*, em grande miséria e humilhação." E em Zacarias este "resto" é ainda objeto de mais purificação: "E acontecerá em todo o país — oráculo do Senhor — que dois terços serão exterminados e que o outro terço sobreviverá. Farei esse terço entrar no fogo, vou purificá-lo como se purifica a prata, vou prová-lo como se prova o ouro. Ele invocará meu nome e eu lhe responderei. 'É meu povo'. E ele dirá: 'O Senhor é meu DEUS'". Quando Isaías percebeu seu insucesso junto à multidão, ele se consagrou ao ensino de um grupo, uma iniciativa que anuncia a do Cristo empreendendo a formação dos apóstolos depois de seu fracasso na Galiléia", diz *Gelin*.

É em Sofonias, porém, que este resto é bem identificado: os pobres serão o novo e verdadeiro povo de DEUS. Diz ele (Sof 2, 3): "Procurai o Senhor, todos vós os humildes do país que cumpris os seus preceitos. Procurai a justiça e a humildade. Talvez sejais protegidos no dia da cólera do Senhor." E em 3, 11-13, especifica: "Naquele dia não terás de envergonhar-te de todas as tuas ações pelas quais te revoltaste contra mim, porque então afastarei de teu seio os orgulhosos, os fanfarrões e já não continuarás a orgulhar-te em minha montanha santa. Deixarei em teu seio um povo *pobre e humilde*, eles procurarão refúgio em nome do Senhor, o Resto de Israel eles já não praticarão a iniqüidade, não dirão mentiras, não se encontrará em sua boca uma língua dolosa. Sim, eles pastarão e habitarão sem que ninguém os inquiete."

DEUS faz o seu povo ou os seus filhos sofrerem várias provações para levá-los a serem humildes e pobres de coração e de fato. Para não nos alongarmos, convidamos o leitor a ler Jeremias 20, 13 e 31, 54; Isaías 49, 13; 51, 7; 54, 13 e 56, 66; Ageu 1 e os Salmos 34 a 37; Salmo 10 final; Salmo 25.

Um aspecto interessante do pobre descrito pelos salmos é seu interesse, sua inclinação para a vida comunitária; ele sabe e gosta de aprender dos outros; gosta de trocar idéias, de se comunicar, de escutar, de se complementar. É conhecido o salmo da comunidade, o Salmo 133: "Como é bom e agradável os irmãos viverem unidos. É como o óleo precioso sobre a cabeça, que escorre sobre a barba de Aarão e desce pela gola de suas vestes; é como o orvalho do monte Hermon que se difunde sobre os montes de Sião. É para ali que o Senhor envia a sua benção, a vida para sempre." E no Salmo 55, depois de o pobre se lastimar de "ser oprimido, de ser atacado com fúria, de agitar-se o coração e de abatido por angústias mortais", ele vai dizer: "Juntos partilhávamos doce intimidade e com a multidão em festa íamos à casa de DEUS."

E, então, qual é a essência do "pobre"? No pobre bíblico existe uma referência habitual e ardente ao DEUS que salva. Diz *Gellin*: "Esta gente expõe pateticamente diante de DEUS uma situação que lhes parece violenta, como se eles tivessem a certeza de receber d'Ele uma sentença favorável." "A perfeição do homem grego é uma técnica pessoal de equilíbrio e de ordem; a do homem bíblico resulta de um drama que se passa entre o DEUS pessoal e sua criatura; ela aceita um apelo e eis a pobreza, ou o recusa e eis o pecado. Há um limite para o equilíbrio — ele se define por si mesmo; mas para Pobreza não há um limite, porque sua dimensão se mede sobre a do próprio DEUS."

Veja-se tais verdades em Isaías 41, 17; 29, 19; 25, 3; 49, 13; 46, 3; 41, 14; e de 52, 12 até 53, 13. Nos Salmos 112; 145; 22; 51; 149 e 9; 1, 4; 106, 41; 71, 13; 73, 19.

E o maior cântico da humildade é o Magnificat de MARIA junto com o cântico de Ana. Leia-se 1 Samuel 2, 1-10; Lucas 2, 46-55; 1 Coríntios 1, 18 a 2, 16; 15, 43; 2 Cor 11, 30; 2, 9; 12, 5; 12, 9-10; Prov 19, 1 e 22; 17, 5; Mat 5, 3; 11, 5; Luc 4, 18; 6, 20; 7, 22; 14, 13-21; Tiago 2, 5-6.

DEUS disse a Moisés: "EU SOU O QUE SOU." E um dia Jesus disse a Santa Catarina de Sena: "Catarina, Eu sou o que sou e tu és a que não é." O Infinito de DEUS é porque a Ele não falta nenhuma das qualidades possíveis de existir e que supera tudo aquilo que pudermos atribuir a ELE. E nós somos, no dizer de Santo Agostinho, "aquele que não se explica, não se justifica nem se sustenta por si mesmo".

Não nos esqueçamos de que o caminho para a humildade é a humilhação, bem como de que o vazio do nada do homem atrai a plenitude do Tudo de DEUS.

JESUS em sua humanidade nos deu o maior testemunho de pobreza. Não apelou para sua divindade, mas despojou-se até das regalias para a sua humanidade: nasce numa estrebaria em Belém, mora numa cidade desprezada de Nazaré e morre numa Cruz.

SENHOR FAZEI-NO CONHECER O NOSSO NADA E O VOSSO TUDO!

São Francisco de Assis, "o pobre mais pobre e mais rico da graça de DEUS, dizia: "O homem só vale aquilo que é diante de DEUS e nada mais", e sua oração predileta era: "Meu DEUS e meu TUDO."

Existe na Bíblia uma evolução para a pobreza.

1. Jó foi um homem riquíssimo abençoado por DEUS. Também Abraão: "Javé encheu de bençãos o meu senhor Abraão e o fez rico" (Gen 24, 35). Dr. Mario de Jesus perguntava a alguns padres excitados: "Digam sinceramente o que os impele — É o amor ao pobre ou o ódio contra os ricos?"

2. "Bem-aventurado o rico que abre a sua bolsa e seu coração ao pobre. Pois de muitos ricos, a riqueza endureceu o coração" (Jó 24 e Amós 8, 4-7). Ao lado disto, a Bíblia nos fala que "DEUS é protetor dos pobres" (Ex 3, 7; 22, 20-23; 25, 26; Eclo 34, 21-27).

3. É a etapa em que surge "o povo humilde e modesto". O pobre não é o "economicamente fraco, mas aquele que se apóia em DEUS, é o homem que escuta sempre e que não é escutado por ninguém". Como, diz o Pe. Loew: "A miséria moderna não cria os *anwim*, mas revoltados e desencorajados."

4. A etapa da pobreza por amor a JESUS. Maldade existe na distância que separa a situação cômoda do rico e a situação do pobre. O gerente desonesto da parábola, que partilhou os seus bens, "fazendo amigos com o dinheiro da iniqüidade", é lembrado por *Bossuet*, ao dizer: "Os ricos na Igreja são os estrangeiros, é o serviço aos pobres que os naturaliza." Veja-se São Paulo em 2 Coríntios 8, 13-14: "Não se trata de vos pôr em aperto para aliviar os outros. O que se deseja é que haja igualdade: que, nas atuais situações, a vossa fartura supra a penúria deles, e por vosso lado, o que eles têm bastante supra o que acaso vos falte. Assim haverá igualdade."

"Para nós", *diz Loew*, "o perigo é querer imitar o pobre, em vez de imitar o Cristo. O cristão deve procurar primeiramente imitar o Cristo, e não sociologicamente, os pobres. A pobreza em si não tem nenhum sentido" — ela deve ser entendida como fidelidade a JESUS. Assim pensa São Paulo (Filipenses 3, 7-11):..."Por causa dELE, perdi tudo e considero tudo como lixo, a fim de ganhar Cristo e ser encontrado unido a Ele. E isto, não com a minha justiça que vem da Lei, mas com a justiça que vem de DEUS, na base da fé." "CRISTO nos guiará para que conheçamos os pobres: com Ele será possível escutá-los de dentro, do lado deles." (*Loew*)

Só o regime comunitário integral é que dará ao cristão um clima de trabalho, de desapego, de sobriedade e simplicidade de vida, pois o "meu" será substituído pelo "nosso".

Só quando vivemos unidos é que o Espírito Santo nos vem.

O Político

Todo ato humano é um ato político. Basta que o homem tenha consciência que o obrigue a agir dentro de algum postulado moral, e ele terá extensão social e política.

Se a política é a arte das artes porque tem como objetivo a justiça em seu âmbito mais abrangente, ou seja, o do bem comum de toda a sociedade, então o Evangelho que veio trazer a salvação comunitária deve ser vivido em sua dimensão política. O Evangelho é algo que transforma, eleva, converte a consciência e o procedimento da pessoa humana. Por isso o Evangelho modifica e orienta as relações sociais do homem: é político em sua radicalidade e em toda a sua extensão.

Por que, então — cabe-nos perguntar — existe tão pouca atuação de cristãos na política? Por que os católicos políticos não formam um grupo atuante em uníssono para dispor do poder a serviço da justiça? Não se poderá ver logo que a resposta é a profunda ligação e exigência do "crer no Evangelho" e o atuar na política?

Não será, pois, a pouca e fraca vivência do Evangelho por parte dos católicos a melhor explicação do quase nulo "eco político" que o catolicismo tem em nosso país?

Uns não sabem caminhar na fé em Cristo, ou progredir nesta caminhada; outros não sabem como levar sua crença a uma atuação no setor político.

• tripé do verdadeiro catolicismo é dialético: a mística, a doutrina e o sistema são mutuamente dependentes. Qualquer um sem os outros dois é incompleto e não se sustenta. A mística sem a doutrina faz aberrações misticistas. A doutrina sem a mística não tem vigor de impulso e de transformação. As duas sem se encarnarem em algum sistema permanecem alienadas e alienantes, transformando-se em misticismo e ideologias sem o pé de apoio na realidade humana.

Já um ditado antigo dizia: *Scientia sine caritate, inflat; caritas sine scientia aberrat*, ou seja, "a ciência sem a caridade ensoberbece; a caridade sem a ciência faz aberrações".

Quanto mais o católico é verdadeiramente místico, mais político ele o será. Aproximar-se de DEUS, viver com DEUS e EM DEUS torna o homem mais conhecedor das profundezas humanas e por isto mais capacitado para o relacionamento fraternal, de justiça, de liberdade e de paz entre os homens.

Na outra ponta da linha estará a sabedoria toda própria para o católico atuar na política. Toda uma malícia, toda uma "catimba" nos é necessária para enfrentarmos a opaca oposição que o sistema instalado faz, sempre fez e fará contra a luz e o amor do Evangelho.

Como fazer a beleza, o equilíbrio e a salvação do Evangelho penetrar nas Constituições das nações? Como fazer os Constituintes possuírem tais princípios cristãos e encarná-los em leis que protejam a pessoa humana? Como levedar os partidos com os programas cristãos convincentes que efetuem a libertação dos oprimidos e dos pobres?

Que sistemas, que testemunhos daremos com modelos concretos de vida que sirvam de exemplos para a economia, para a vida social e para a política?

Claro está que, comparando os sistemas injustos do capitalismo liberal e do capitalismo do estado com os princípios cristãos, temos de concluir que tais princípios podem encarnar-se em sistemas que reflitam o fraternismo, a liberdade, a paz e a união, a participação e a justiça, o solidarismo e a igualdade que têm como base a filiação divina em Cristo, Filho de DEUS feito homem.

Sem pretender regime de cristandade, temos de ter coragem de desmascarar sistemas econômicos, sociais e políticos que a própria história demonstrou serem injustos, ditatoriais, desumanos, autoritários e materialistas.

Sem querer imitar muçulmanos que pretendem fazer "repúblicas xiitas", sem querer fazer colônias espirituais excludentes, sem pretender fazer seitas ou panelas fechadas, nós, católicos, devemos ter confiança na universalidade, na catolicidade das máximas evangélicas e propô-las erigidas em sistemas abrangentes da paz universal, dos direitos naturais da Pessoa Humana, da liberdade do homem e de todos os homens. Cristo morreu por todos, ensinou caminhos para todos e só nele, por Ele e Com Ele é que a plenitude da paz e da fraternidade universal acontecerá.

Nestas duas pontas de linha teremos de refletir e aprofundar se bem confrontados, a saber, os lados positivo e negativo.

Os aspectos negativos da história da atuação dos católicos desbastarão o matagal dos erros cometidos a fim de podermos discernir que atuação positiva nos é possível realizar. E, depois de refletirmos sobre a forma, temos de aprofundar o conteúdo da Mensagem Política do Evangelho.

E este conteúdo de fundo da mensagem do Evangelho, nós o meditaremos não só nos princípios gerais, mas em seus detalhes apresentados pela Doutrina social católica, e em sua implantação concreta do personalismo, do comunitarismo e do solidarismo. Experiências históricas passadas e atuais são um testemunho da viabilidade terrena de tais princípios eternos.

Quanto a estes pólos aqui lembrados, podemos recordar o que o Cardeal Ratzinger disse aos 19 de julho de 1980 em Lima, capital do Peru, na Pontifícia Faculdade Teológica, texto publicado no *Osservatore Romano* de 3 de agosto de 1986: "A perspectiva 'ética' é precisamente a autenticamente histórica e realista, porque é a que tem em consideração as nossas experiências concretas." "O problema porém permanece: Como se apresentaria em concreto uma alternativa cristã? O cap. V da I.L.C. nas suas linhas gerais nos indica de forma convincente que existem alternativas práticas. Mas, estas, se não se apoiarem numa visão do homem e da história a qual é muito mais que simples especulação teológica e um alvitre à boa vontade do indivíduo, poderiam se converter exclusivamente num mero pragmatismo." "O fato destas alternativas práticas terem sido até agora formuladas de maneira tão escassa, e às vezes *não terem experimentado o* **Eco político** correspondente, é devido a que os cristãos têm pouca confiança na sua própria visão da realidade. Na sua piedade particular eles mantêm firme a sua fé, mas não ousam pensar e admitir que essa tem algo a dizer ao homem em sua totalidade e que lhes pode proporcionar uma visão do seu futuro e da sua história." "Precisamente por isto, porque os cristãos não vivem uma grande fé, eles continuam a buscar novos mitos." E, citando o Papa João Paulo II, diz: "Se formos fiéis ao Espírito, à Palavra e à Igreja de Jesus Cristo, também seremos fiéis ao homem a cujo serviço, especialmente os mais pobres e necessitados, fomos enviados como mensageiros da salvação." E, enfim: "A dimensão soteriológica da libertação pode ser reduzida à dimensão socioética, que é uma sua consequência."

E, ainda, caminhando na direção de propor medidas concretas, ali se lê: "A dependência de grandes sistemas anônimos, com o conseqüente anonimato do indivíduo em massas sociais sem conexões que vivem em grandes cidades, têm sido sempre o fundamento de ditaduras e de manipulações uniformistas de sistemas totalitários. Uma autêntica práxis da libertação, portanto, deve funcionar exatamente no sentido contrário, na educação para o estabelecimento de relações e a constituição daquelas que são fundamentais ao homem. De igual modo, pode-se assegurar que o que possibilita a liberdade não é a *luta contra as instituições*, mas o esforço para conseguir instituições legítimas. Tampouco é um meio para libertar o homem a *luta contra o direito e contra a lei*, mas a luta pela *ordem justa, por uma ordem moral*, isto é, a luta contra a falta de justiça e contra a injustiça. Somente proporciona liberdade uma justiça que inspire confiança e que seja aplicável. A liberdade é construída ali e unicamente ali, isto é, onde se consegue que a justiça, o mesmo direito para todos, prevaleça sobre a arbitrariedade do indivíduo ou dos grupos." Por toda esta introdução se sente, em toda a Igreja e no universo, um apelo irresistível por uma política salvadora, por governos que saibam em profundidade o melhor caminho, que queiram concretizá-lo em suas nações e que realizem de fato uma economia de justa distribuição, uma vida social de diálogo permanente e total das classes, uma política de participação franca e universal. A humanidade e os católicos sentem que precisam um do outro: os católicos para encarnarem a salvação de Cristo e a humanidade para se salvar do abismo que a ameaça. Como nunca na história, a Política e o Catolicismo se postulam dialeticamente, antevendo ambas o SEU MOMENTO HISTÓRICO. Ou o catolicismo entra decidido e informa uma política, ou ele será sal jogado fora. Ou a Política adota os postulados humanos revelados por Cristo, ou ela levará a humanidade para o *DAY AFTER*, para o Dia da Destruição. Com a seriedade deste momento é que devemos com cuidado refletir sobre o que vem a ser o "eco político: do Evangelho".

O QUE VEM A SER POLÍTICA?

É chamada a "Arte das Artes", porque todas as artes dependem de tal sorte da política, pois se esta aponta o rumo do abismo, todas elas se desarticulam e se destroem.

Por isto, política é como a supervisão da vida humana: a política são os trilhos por onde correm os carros e os vagões de todos os outros setores.

POLÍTICA: do grego Pólis e tikaiousine, ou seja, cidade e justiça: a justiça na cidade. Vida econômica, social, cultural depende da vida política. Um deputado ou senador que consegue aprovar um projeto de lei... e lá vai a nação entrando nos trilhos da lei aprovada. Um "pacotão" econômico é aprovado e o povo ou vai passar fome ou melhorar de vida. A responsabilidade dos políticos é imensa diante do destino de milhões de empregados que podem, da noite para o dia, ser jogados na miséria ou no desemprego.

Quanto benefício para todo um povo fariam os políticos se não perdessem tanto tempo em disputar cargos e posições, mas se dedicassem a estudar seriamente, sem demagogia, as grandes soluções para os problemas do país!

Esta Arte das Artes depende dos artistas. E hoje, mais do que nunca, precisamos destes artistas bem formados pela Doutrina Social Católica.

A Política quem faz são os políticos. Ela é uma arte radical e totalmente viva e dinâmica. Se os políticos possuem a consciência sempre alertada para o dinamismo da vida, jamais deixarão que as leis permaneçam letra morta ou superada. Estarão sempre renovando as leis de acordo com a evolução e a pressão dos fatos. Mais ainda, se forem, realmente políticos atentos ao bem comum e à rapidez da história atual, eles se constituirão em uma equipe de previsão social, econômica e política, jamais se deixando pegar pela surpresa de fatos catastróficos para o povo. Ao contrário, ao invés de "pegarem sempre em rabo do foguete", eles o dirigirão para o bem do povo. E isto eles farão se estiverem sempre com os pés no chão em contato permanente e realista com o povo. Auscultando as aspirações populares, tomando o pulso das conquistas do povo, galgando os degraus da ascensão econômica, social, política e cultural do povo, tais políticos farão partidos renovadores, levantarão não só uma "panelinha" de políticos em sua promoção, mas o maior número de pessoas do povo para a sua libertação humana.

A serviço do povo, os políticos devem ter no povo a sua fonte de inspiração e realização. É nos princípios cristãos, eternos e universais, que os políticos terão o "guião" para tirar este povo dos desvios, das ilusões dos falsos profetas e dos politiqueiros.

Com tais pensamentos preliminares, já estamos sentindo que a política se faz mediante políticos agregados em partidos que possuam um programa, uma Doutrina e uma disciplina. Um Programa elaborado dentro dos postulados de uma Doutrina e executado dentro de um Sistema ou Disciplina que atenda aos legítimos reclamos do povo.

O Trabalhador

Qual a diferença entre o "trabalhador" e o "operário"? O engenheiro, o médico, o sacerdote, também são "trabalhadores" porque trabalham cada qual em seu terreno.

E a nós parece que o termo "operário" — que também trabalha (!!!) — é reservado ao trabalhador que "opera" alguma máquina ou algum instrumento.

A palavra "trabalho" vem do latim *trepalium*, que significa uma "atrapalhação", um obstáculo a ser vencido com coragem. Todo trabalho encerra um esforço humano para superar a dificuldade da transformação da matéria-prima em objeto de uso. O mesmo se diga do "trabalho espiritual" de ensino, de estudo, de edição de livros, de pregação, pois tal trabalho também inclui remoção de ignorância, de erros, de idéias opostas. Também o trabalho de governar, de legislar, de policiar, tem sua dose de esforço para se conseguir ordem da justiça e da paz.

Cabe, então, aqui logo de início a pergunta ou a verificação do fato de Cristo ter sido marceneiro, carpinteiro e construtor de casa até os seus 30 anos de idade numa cidade desprezada como Nazaré. Por que JESUS ficou tanto tempo "calado", Ele, o Verbo Divino que veio para "falar" DEUS para a humanidade? Que lição tiramos deste "silêncio" de CRISTO OPERÁRIO? O exemplo de JESUS como trabalhador deve-nos falar alto uma lição muito profunda.

1. O Trabalho é o eixo da mudança das eras da história

a) Realmente, o homem viveu um milhão e quinhentos mil anos em uma Era Muscular, em que somente o trabalho de apanhar, de colher, de beber na concha das mãos, de cozinhar no fogo as carnes das aves e dos animais, era feito com os seus braços e músculos. Banhava-se nas águas das chuvas ou das cachoeiras, enxugava-se com a toalha dos raios de sol, suas moradias eram as grutas e cavernas. Era um homem cósmico, com relações imediatas com o mundo que o rodeava, totalmente integrado com a natureza. Poucas exigências, pouquíssimo progresso.

b) Usando seu raciocínio e diante das dificuldades surgidas, o homem passou para uma Era do Instrumento que durou uns 500.000 anos. Inventou o arco e a flecha, o facão, o tacape, o brodão, o machado de pedra, o martelo. Entre o homem e o cosmos começou a haver mediação dos instrumentos, dóceis ao seu comando, mas que já o afastavam um pouco da natureza. A população mundial cresceu, tornando-se urgente e necessário o aumento da produtividade e da eficácia.

c) A própria vida com seus atos e fatos foi obrigando a inteligência do homem a inventar novos recursos para domínio da natureza. Com a conjugação de instrumentos simples, por meio da alavanca, da engrenagem, da freagem, da roldana, o homem começou a fazer a máquina. Esta Era da Máquina já dura uns 50.000 anos com distinção clara de épocas da máquina manual e pedal, da época da máquina hidráulica, da máquina a vapor, da máquina a combustível, da máquina elétrica, e da força atômica.

d) Enfim, estamos atualmente na Era da Tecnologia, da Cibernética, do autômato. A cibernética tenta imitar nas suas máquinas as reações musculares, mentais e psicológicas do homem. Quando imita os movimentos musculares humanos, é denominada automatização e quando reproduz os reflexos psicológicos, é denominada automação.

Os computadores e os robôs vão libertando o homem para que se dedique mais ao estudo, às pesquisas e à oração. No entanto, a ambigüidade de tudo que é humano tem levado o homem a mais guerras, a maiores destruições, etc. E o homem, que poderia transformar este nosso mundo num paraíso de fraternidade, ameaça realizar o "fim do mundo". A tecnologia está sendo usada para o domínio da tecnocracia.

2. O Trabalho diante da pessoa humana

a) O Trabalho é a expressão mais radical da pessoa humana. Já na Idade Média se dizia: *agere sequitur esse*, quer dizer: "o agir segue o ser". O homem revela-se naquilo ou por aquilo em que ele se desvela. "O fazer revela o ser". "As fontes da dignidade do trabalho devem ser procuradas principalmente não na sua dimensão *objetiva*, mas sim na sua dimensão subjetiva", diz João Paulo II (LE, 6). "O Trabalho foi feito para o homem e não o homem para o trabalho" (*idem*).

b) O Trabalho é uma ação humana, ou o Homem em ação. Por isto tal ação deve ser consciente, livre e capaz de se expressar com voz que tenha vez de voto. Enquanto o capital é coisa material, o trabalho é uma ação viva e humana. É tão profunda a ligação do trabalho com a pessoa humana que, quando se pergunta a alguém: "O que você é na vida?" A pessoa logo responde pela profissão. Aliás, a palavra "profissão" vem do latim: *pro - fateri*, ou seja, falar em público, publicar.

3. O Trabalho diante da sociedade

Para não nos alongarmos, basta-nos ouvir a palavra de João Paulo II: "O Trabalho é a base essencial de todos os problemas sociais": (LE) (Os interessados em se aprofundarem nestes conceitos procurem o nosso livro "O Trabalho na dinâmica do Evangelho", da Editora LTr. Com vários textos da encíclica de João Paulo II, a *Laborem Exercens*).

Na "Instrução sobre a liberdade cristã e libertação" se lê esse precioso texto:

N. 82 — "A vida de JESUS em Nazaré, verdadeiro 'Evangelho do Trabalho', oferece-nos um vivo exemplo e o princípio da radical transformação cultural indispensável para resolver os problemas que nossa época deve enfrentar. Aquele que sendo DEUS fez-se semelhante a nós em tudo, durante a maior parte de sua vida terrena entregou-se a um trabalho manual (LE). A cultura de nossa época espera caracterizada pelo pleno reconhecimento da dignidade do trabalho humano, que aparece em toda a nobreza e fecundidade à luz dos mistérios da Criação e da Redenção (LE, c. V). Reconhecido como expressão da pessoa, o trabalho torna-se fonte de sentido e de esforço criador."

Dessa forma, a solução da maioria dos gravíssimos problemas da miséria encontra-se na promoção de uma verdadeira civilização do trabalho. De certa forma, o trabalho é a chave de toda a questão social. É, pois, no campo do trabalho, que deve ser compreendida, prioritariamente, uma ação evangelizadora na liberdade. Uma vez que a relação entre pessoa humana e trabalho é radical e vital, as formas e modalidades que regulamentam tal relação exercerão uma influência positiva, em vista da solução do conjunto de problemas sociais e políticos que se apresentam a cada povo, relações de trabalho justas prefigurarão um sistema de comunidade política apto a favorecer o desenvolvimento integral de toda a pessoa humana. Se o sistema de relações do trabalho, posto em funcionamento pelos protagonistas diretos, trabalhadores e empregadores, com o indispensável apoio dos poderes públicos, consegue dar origem a uma civilização do trabalho, produzir-se-á, então, na maneira de ver os povos e até nas bases institucionais e políticas, uma profunda revolução pacífica.

Uma tal cultura do trabalho deverá supor e pôr em ação um certo número de valores essenciais. Ela reconhecerá que a pessoa do trabalhador é princípio, sujeito e fim da atividade laboriosa. Afirmará a prioridade do trabalho sobre o capital e a distinção universal dos bens materiais. Será animada pelo senso de uma solidariedade que não comporta apenas direitos a reivindicar, mas também deveres a cumprir. Implicará a participação, visando a promover o bem comum nacional e internacional, e não apenas a defesa de interesses individuais ou corporativos. Ela assumirá o método do confronto pacífico e do diálogo franco e vigoroso. De sua parte, as autoridades políticas tornar-se-ão sempre mais capazes de agir com respeito às legítimas liberdades dos indivíduos, da família, dos grupos subsidiários, criando assim as condições necessárias para que homem possa alcançar seu bem verdadeiro e integral, inclusive o seu fim espiritual (AO 46).

Uma cultura que reconheça a eminente dignidade do trabalhador evidenciará a dimensão subjetiva do trabalho. O valor de cada trabalho humano não se deduz, em primeiro lugar do trabalho realizado; ele tem seu fundamento no fato de que quem o fez é uma pessoa (LE 6). Trata-se, portanto, de um critério ético, cujas exigências são evidentes.

Assim, todo homem tem direito ao trabalho, direito este que deve ser reconhecido de forma prática, por meio de um efetivo empenho em vista de se resolver o dramático problema do desemprego. É intolerável que este mantenha em uma situação de marginalização amplas parcelas da população e, notadamente, da juventude. Por isto a criação de novos postos de trabalho é uma tarefa primordial, que se impõe aos indivíduos e à iniciativa privada, mas igualmente ao Estado.

O salário, que não pode ser concebido como uma simples mercadoria, deve permitir ao trabalhador e à sua família o acesso a um nível de vida verdadeiramente humano nas ordens material, social, cultural e espiritual. É a dignidade da pessoa humana que constitui o critério para julgar o trabalho e não o contrário. Seja qual for o tipo de trabalho, o trabalhador deve poder vivê-lo como expressão da sua personalidade. Daí decorre a exigência de uma participação, que mais que uma partilha dos frutos do trabalho, deveria comportar uma verdadeira dimensão comunitária ao nível de projetos, de iniciativas e de responsabilidade (GS 68; LE 15).

A prioridade do trabalho sobre o capital faz com que os empresários tenham o dever de justiça de considerar o bem dos trabalhadores antes do aumento dos lucros. Eles têm a obrigação moral de não manter capitais improdutivos e de procurar, nos investimentos, antes de tudo, o bem comum.

Este último exige que se busque, como prioridade, a consolidação ou a criação de novos postos de trabalho, na produção de bens realmente úteis.

O direito à propriedade privada não é concebível sem seus deveres para com o bem comum. Ele é subordinado ao princípio superior da destinação universal dos bens. Essa doutrina deve inspirar reformas, antes que seja tarde demais. O acesso de todos aos bens requeridos por uma vida humana, pessoal e familiar, digna deste nome, é uma exigência primária da justiça social. Sua aplicação deve abranger a área do trabalho industrial e de um modo especial, a do trabalho agrícola (QA 72; LE 19). Com efeito, os camponeses, sobretudo no Terceiro Mundo, formam a massa preponderante dos pobres.

O Empresário

Geralmente o empresário é chamado também de "patrão". Por que razão o trabalhador chama por este nome o "dono" da empresa? Pelo nome de "patrão", a primeira idéia que nos vem é de um "paizão", um grande pai. E ligada a esta idéia vem também o conceito de submissão da parte do operário. O "patrão", na mente dos operários, é o "dono" da empresa e, por isso, tem o direito de mandar e desmandar e o operário — servo — tem é de obedecer sem discutir.

Tais idéias são fruto de uma mentalidade divulgada e inata no Capitalismo, sistema no qual, o capital, ou seja, o dinheiro, as máquinas, a construção do prédio da fábrica, vale mais do que o trabalho feito pelas mãos do operário. É a matéria — capital — valendo mais do que a "ação humana" do trabalho, ou do "homem em ação".

Analisemos de onde procede este erro e qual a verdadeira posição cristã e humana correta.

Primeiramente, o erro está numa aceitação errada e injusta por parte tanto dos trabalhadores quanto dos empresários acerca do materialismo, divulgado e imposto através de séculos pela filosofia do capitalismo.

Principalmente, porém, por causa da falta de uma idéia, de um conceito correto do que vem a ser uma empresa. O economismo, a saber, a economia materialista que coloca o homem a serviço do lucro, e não o lucro a serviço do homem, reduziu o trabalho em mercadoria, o trabalhador em máquina e o salário em preço da ação humana.

O empresário, apoiando-se nesta colocação e se deixando levar pela sua ambição egoísta de ganhar sempre mais..., e o operário, pressionado pelas suas necessidades prementes de vida quase na miséria, com uma família numerosa para dar de comer, nem imaginou estar algo errado, pois o salário é que lhe interessava, ambos permaneceram neste erro, e sufocaram os gritos da consciência que provavelmente lhes acenava que algo de errado havia... Os resultados mostravam-lhes os erros: luta de classes, ou o ódio de classes, a falta total de diálogo, os sindicatos, só lutando por melhoria econômica, sem enxergarem a escravidão do homem trabalhador reduzido a um "burro de carga", fizeram com que através de séculos a "coisa" continuasse.

Nenhum dos dois enxergava que a solução do problema estava na própria noção e estrutura da empresa que constitui a "comunidade básica da sociedade e da economia".

Só é verdadeiro "empresário" aquele que tem noção correta do que seja uma empresa.

Uma comparação para melhor entender o que vem a ser uma empresa. Numa escola, os dois elementos essenciais são: alguém que fale, ensinando e alguém que escute, aprendendo... O prédio da escola, as carteiras e as cadeiras, o quadro-negro e até os livros são elementos importantes, mas existe uma escola com um professor falando a quarenta alunos sentados debaixo de uma árvore frondosa no meio de um campo. Uma escola pode ser, pois, definida como "UM ATO VIVO DE TRANSMISSÃO DA VERDADE".

E na empresa, só porque existe a mediação de matéria a ser transformada não tira dela a sua qualidade de ser "ATOS VIVOS DE UMA COMUNIDADE DE PESSOAS QUE FAZEM A TRANSFORMAÇÃO DA MATÉRIA COM O OBJETIVO DE UMA PRODUÇÃO E PROMOÇÃO. ATOS VIVOS TECNICAMENTE DIFERENCIADOS, MAS COMPLEMENTARES SOB A PARTICIPAÇÃO DE TODOS NA DIREÇÃO SOB A ORIENTAÇÃO DE UM CHEFE.

Se o empresário capitalista tem o direito natural de administrar aquilo que deu, a saber, o capital, o trabalhador, no momento em que ele faz parte de uma unidade como é a empresa, tem o direito adquirido de administrá-la também, pois, como diz a *Mater et Magistra*: "Se o lucro foi constituído pelos dois (capital e trabalho) este lucro pertence aos dois." E, como se faz a distribuição do Lucro Bruto? Uma parte para pagar os investimentos, outra para despesas de combustível, eletricidade, impostos, fundo de reserva, emolumentos dos doadores do capital, folha de pagamento, e o que sobra é o Lucro. Sabemos, no entanto, que a folha de pagamento representa somente 3%. O Lucro deveria ser participado pelos operários.

Mas, muito mais do que lucro, a empresa, sendo uma comunidade de "homens em ação", ou de atos vivos, deve ter a participação da parte humana do trabalho que é a Voz com Vez de Voto na vida interna da empresa. E como a empresa tem três setores bem distintos, mas integrados, a saber: o Setor Social, que se relaciona com tudo o que diz respeito ao trabalho e por isto pertence a quem dá o trabalho administrá-lo; o Setor Técnico, que é tudo que diz respeito à fabricação e que por isto pertence aos dois administrá-lo, sendo que o operário tem direito a voto consultivo e deliberativo; e o Setor Econômico, que se refere ao capital, o empresário tem o direito de administrá-lo, mas sobre os capitais posteriores, fruto do trabalho de produção, o operário tem também o voto deliberativo, conquistado pelo seu trabalho de transformação.

Por estes conceitos se vê a característica de "paizão" e não de "patrão" que cabe ao empresário, a saber, a sua obrigação e capacidade de dialogar, de educar os operários para a participação; educar no sentido original da palavra "e — ducere", conduzir de dentro para fora, a consciência participativa do trabalhador em toda a vida da empresa. Para isto, ele deve ter, organizadamente, datas marcadas para dialogar, ou promover eleição de representantes dos operários de cada seção para que tragam não só os problemas, mas sugestões de solução, problemas que muitas vezes só os operários enxergam. Sua responsabilidade de humanizar a vida interna da empresa será largamente recompensada não só pelo ambiente de fraternidade dentro da empresa, mas até mesmo por uma maior produção. Nossa experiência neste setor demonstra o benefício da transformação da empresa em comunidade realizada dentro deste espírito humano e cristão.

Com esta maneira de proceder, as empresas serão verdadeiras comunidades. E é da soma de tais comunidades que nascerá na sociedade o Solidarismo.

Em vez de um socialismo massificante, autoritário e antidemocrático, surgirá o Solidarismo cristão, que une as boas vontades em uma solidariedade construtiva de um mundo novo. Sem a etapa do Comunitarismo nas empresas, é impossível haver um Solidarismo na sociedade. É, portanto, na empresa, unidade básica da economia, que iremos destruir o economismo materialista que ameaça a paz mundial com disputas que saem do domínio do capital para o domínio das armas.

Que os empresários se compenetrem de sua responsabilidade de atuarem na RAIZ da vida social que é a empresa. A Economia de Comunhão que se apresenta atualmente como a solução de tais problemas sociais, econômicos e políticos está nas mãos dos empresários, aos quais cabe lutar com coragem, contra tudo e contra todos que, egoística e materialisticamente, se opõem a tal humanização. Cabe ao empresário cristão tirar da cabeça dos empresários ambiciosos a "burrice" do seu sistema opressor.

A Mulher

DEUS criou, em primeiro lugar, o Homem, Adão... Depois, vendo que poderia fazer coisa melhor, fez a mulher, Eva.

Quais as características da mulher? E quais as do homem? E por que DEUS fez dois sexos? E sexo é só no corpo, ou a alma tem também sexo? Ou melhor perguntando: Não é a Pessoa Humana que é sexuada? E o que, então, vem a ser sexo? E por que motivo DEUS terá feito dois sexos no ser humano?

Tais perguntas têm necessidade de respostas, a fim de se definir o que vem a ser uma Mulher, na mente do Criador.

A realidade do sexo entre os seres humanos tem dois níveis; dois níveis que se interpenetram e se explicam. Os dois níveis são o natural e o sobrenatural. O natural foi planejado pelo Criador como imagem daquilo que ELE, DEUS, tinha em mente, em seu Plano Primitivo. E qual este plano? A Santíssima Trindade planejou estender o seu amor infinito a alguém que ainda não existia, porque fora de DEUS nada pode existir. DEUS, então, planejou criar um ser, primogênito de todas as criaturas, JESUS CRISTO. Por ELE, n'ELE e para ELE tudo foi criado. Esta humanidade de JESUS é o motivo para o qual todos os seres foram criados. JESUS já nasceu na mente de DEUS como REI. Mas, na esfera temporal, DEUS quis preparar o reino para este REI, para que, "quando chegasse a plenitude dos tempos", ELE encontrasse a humanidade já no ponto necessário.

Infelizmente, as primeiras criaturas humanas, Adão e Eva, não foram fiéis a DEUS e, por orgulho, pecaram e com este pecado toda a humanidade nasceu condenada ao pecado original. E JESUS, que deveria vir como Rei Glorioso, veio como Rei Padecente.

Em todo este plano permanece a dualidade de JESUS, centro do universo, e as criaturas feitas PARA ELE.

Como o plano primitivo e natural foi maculado, DEUS fez com que, no plano sobrenatural, JESUS reconstituisse, como Salvador, o reino, mediante a concessão da Graça Santificante, que elevou a humanidade a um nível mais alto do que aquele em que Adão e Eva estavam com os quatro dons da imortalidade, da ciência infusa, do equilíbrio interior e da impassibilidade. Em ambos os níveis, sempre permaneceu a dualidade: CRISTO feito para a humanidade e da Humanidade feita para CRISTO.

E foi para imitar esta dualidade que DEUS fez o Homem e a Mulher e ainda elevou a união dos dois a um sacramento. Como diz São Paulo: "Este sacramento é grande, mas em CRISTO e a IGREJA."

Note-se que, em todo este plano divino, a unidade a ser conquistada pela diversidade de pessoas se faz pela complementaridade. Homem e mulher são diferentes, mas feitos para se completarem a fim de conseguirem a unidade.

E quais são as características da mulher como pessoa? Como dissemos acima, sexo — que significa corte — não é só nem principalmente na esfera genital, mas é na alma, ou na pessoa. A inteligência da mulher é intuitiva, ela chega à conclusão de uma verdade sem que precise de muitas provas e argumentos racionais, enquanto o homem reflete muito em provas e argumentos, demorando a chegar à conclusão.

Na vontade, o homem é racional, autoritário e impositivo; a mulher é coração, conquistadora, sedutora. Ela convence pela ternura, pelo carinho, pela amizade... O homem quer convencer os outros pelos argumentos e pelas razões filosóficas ou científicas, a mulher convence pela intuição, pela intuição da beleza da finalidade.

Até agora falamos do nível natural planejado pelo Criador... E que relação terá com o plano sobrenatural. No plano da graça, da fé, o que DEUS pretendeu com a criação da mulher? JESUS CRISTO, rei e primogênito do plano primitivo, foi Homem. E MARIA Santíssima foi sua mãe como mulher, mas de uma maternidade toda especial porque acompanhada da virgindade. O que significam tais realidades para a mulher no campo sobrenatural?

JESUS, em sua humanidade masculina, foi o Supremo Sacerdote, oferecendo e sendo "doador do dote supremo" de sua vida, além de ter sido a Palavra viva do Verbo ensinando aos homens o caminho da Verdade para a Vida.

MARIA, em toda a sua vida, ofereceu-se ao PAI, pois, além de sua virgindade, foi "doadora do dote" supremo de seu Filho.

Aliás, "sacerdote", em sua etimologia original, significa *sacrum dos*, ou seja, "dote sagrado".

E a mulher, ao lado do homem, que pode ser ordenado por um sacramento — o da Ordem —, como sacerdote, que papel exerceria?

O Sacerdócio masculino é um sacerdócio ministerial, que ministra os sacramentos como meios de e para a santificação. A própria palavra "ministrar" ou "ministério" significa serviço de algum favor, mas com um objetivo ou finalidade a ser alcançado por estes meios. E o fim, o objetivo de todos os sacramentos do sacerdócio masculino, é conferir aos cristãos a santificação, a salvação, ora pela graça de "filiação divina", pelo batismo, ora pela graça de "soldados de Cristo", pelo crisma, ora comunhão com CRISTO, pela Eucaristia, ora pelo perdão dos pecados, pela Penitência sacramental, ora pelo poder de consagrar o Corpo de JESUS, de perdoar pecados e de pregar a Palavra divina pelo sacramento da Ordem, ora de encaminhar para a eternidade os moribundos pelo sacramento da Extrema-Unção ou dos Óleos dos Enfermos.

Em uma palavra, todos os sacramentos são meios para a santificação e salvação. E neste contexto qual seria a função característica da mulher cristã?

Se todo cristão por ser batizado participa de uma parcela do sacerdócio de CRISTO, qual seria a participação específica da mulher cristã?

É certo que às mulheres jamais será conferido o sacramento da Ordem, pois nem JESUS nem os Papas e bispos o querem por Vontade Divina.

Seria, então, o "sacerdócio feminino" muito diverso do "sacerdócio ministerial sacramental" masculino?

Assim como a razão está a serviço do coração; assim como as reflexões levam a um fim determinado, assim também os sacramentos administrados pelos sacerdotes ordenados levam ao fim da santificação e salvação; assim como o marido engravida a mulher com seu esperma com o objetivo de gerar, é a mulher que gera o filho em seu seio, que o amamenta e que assiste mais de perto à evolução do filho gerado... Assim também a mulher cristã exercerá o seu "sacerdócio feminino" oferecendo a DEUS o fruto de santificação trazido pelos sacramentos. Como fará ela esta oferta a DEUS? Captando tais resultados, congregando em uma comunhão de orações e de vidas cristãs o sentido de tranformar a sociedade, de formar a "igreja" viva de exercício da caridade, de apostolado em todas as suas facetas, sem deixar perder nenhum dos frutos realizados pela graça santificante trazida aos seres humanos pelos sacramentos do "sacerdócio masculino".

Que enorme campo de ação a mulher tem neste trabalho de congregar os corações santificados em uma ação caridosa, inteligente, organizada e realmente atuante na transformação da sociedade.

Onde estão as mulheres católicas no campo da política? Imaginemos bem quão diferente será a atuação de mulheres na política, fazendo o governo realmente atuar a serviço do povo? Como os programas dos partidos políticos seriam mais eficientes, mais autênticos, mais realistas e realizadores se fossem organizados por mulheres católicas que olhassem muito mais para o bem do povo do que para o dinheiro em seu bolso! Como os eleitores teriam muito mais confiança em uma mulher política que já passou pela gravidez, pelo cuidado e educação dos filhos.

Como será diferente uma empresa de produção dirigida por mulheress católicas que levariam esta sua empresa a ser de fato uma comunidade, em que o diálogo entre empresárias e trabalhadores faria todos participarem da vida interna da empresa, tanto na direção como na propriedade e no lucro.

Como no nível social, acabariam as famigeradas "lutas de classes" se as mulheres católicas atuassem em uníssono como vereadoras, deputadas e empresárias, procurando fazer com que "o coração, que tem razões que a razão desconhece", realizasse o encontro social em prol da paz!!!

Como seria benéfico o "mundo da saúde" se os hospitais, além de terem em sua maioria enfermeiras, tivessem também médicas dirigindo tais Casas de Saúde!!!

Tudo isto constitui o "sacerdócio feminino".

Oferecer a DEUS o "sagrado dote" de uma união dos católicos e dos homens em torno da verdade, da justiça, da caridade, da transformação de nosso mundo tão pervertido em uma "nova terra e um novo céu".

Exemplos magníficos deste sacerdócio temos atualmente na pessoa, na atividade, no apostolado exercido pela Santa Teresa de Calcutá. Superando barreiras de nacionalismos, ela se dedicou, inicialmente sozinha, a cuidar dos mais miseráveis pobres e excluídos na Índia, sem fazer distinção de religião, ou até mesmo em sua quase total maioria de não-católicos nem cristãos. Enfrentou as maiores oposições, até mesmo dos miseráveis a quem ela se dedicava, porque não admitiam que uma freira católica atuasse em meio de budistas, xintoístas, indianos... Com a sua fé e amor, conquistou seus inimigos e arrastou para junto de si uma multidão de jovens moças, hoje consagradas em uma Congregação que marca presença numerosa em vários países de nosso mundo atual.

Sua vida sacrificada, oferecendo a DEUS o amor e a gratidão de milhões de pobres por ela atendidos é um verdadeiro "dote sagrado" agradabilíssimo a DEUS.

Outro exemplo temos em Chiara Lubich que, em período tenebroso da guerra, reuniu consigo um pequeno grupo de moças que hoje forma com multidão de homens e mulheres o Movimento dos Focolares. Belíssimo testemunho ela deu quando há algum tempo reuniu em espetáculo inédito de congraçamento inúmeros representantes de várias raças, nações e religiões.

Tudo isto é exercido pelo "sacerdócio feminino".

Quantas religiosas exercem tal sacerdócio, atualmente, no silêncio das florestas onde pregam missões entre índios!... Quantas em orfanatos, hospitais, asilos de idosos, em apostolado dentro de fábricas, lecionando em colégios, etc., oferecem "sagrados dotes" de serviço, de adoração e de amor a DEUS...!!! Eis o sacerdócio feminino!!!

O Professor

Qual será o objetivo de quem imaginou fundar Universidades Católicas? Será que as "outras" universidades não alcançam o mesmo objetivo? Que diferença existirá entre o objetivo das "católicas" e o das "leigas"? Ambas não pretendem capacitar os seus alunos profissionalmente a fim de que vençam na vida com sua vocação bem estruturada? De que consta, então, este título de "católica"? Será que todos os seus alunos devem ser católicos? Ou os seus professores devam professar a fé católica?

A realidade aí nos está mostrando que muitos alunos das Universidades Católicas, altamente dotados e capacitados, não são católicos, ou, nem mesmo têm fé em DEUS... E também que muitos dos professores delas não são nem cristãos ou mesmo ateus.

Procuremos refletir sobre qual a essência de qualquer professor. O que vem a ser um professor? *Aristóteles*, ensinando seus alunos, enquanto caminhava (os peripatéticos), sua profunda filosofia, chegou a escrever páginas belíssimas sobre DEUS.

Platão, a seu modo, chegou à convicção da existência de um DEUS. *Sócrates*, com seu método de ironia e maiêutica, de perguntas e contestação das respostas, também chegou lá: às portas de DEUS. E foram entre os pagãos e na humanidade uns dos maiores professores.

Professor é aquele que ensina uma ciência. E toda a ciência deve levar os que a estudam à verdade sobre o seu objeto próprio.

Infelizmente hoje, mais do que nunca, existe o fato de muitos professores ficarem na superficialidade fenomenal, dos fenômenos tangíveis de sua ciência, sem atingir a radicalidade mais profunda sobre as "últimas causas" de cada ciência.

Toda e qualquer ciência bem explicada deve expor a raiz de sua existência ou a sua razão de ser, de existir.

Aliás, "professor", em sua etimologia, vem de *pro e fateri*, ou seja, "falar em público" a verdade total. Professar, pois, tem o sentido de publicar e também de "crer naquilo que ensina", no sentido de ter certeza racional do que transmite.

Um dos problemas atuais em relação aos professores é a pressão econômica a que estão sujeitos, os quais, para sobreviverem, lecionam em três ou mais escolas por dia, pouco se incomodando com levar os seus alunos a filosofar sobre "as últimas causas" da ciência que ensinam.

E POR QUE nos preocupamos com as tais "últimas causas" de cada ciência?

Porque toda a ciência verdadeira se preocupa com o PORQUÊ de sua existência, de ONDE ela nasceu, PARA ONDE ela nos leva, do COMO ela deve intervir na vida humana, qual a sua FINALIDADE.

E isto porque toda a ciência deve atingir o HOMEM TODO, e não só a memória, ou só o seu sentimento, ou só as suas emoções, ou só o seu raciocínio, ou só a sua liberdade, mas tudo isto na totalidade da Pessoa Humana.

Uma Física bem estudada nos deve levar não só à existência do átomo, mas à origem da ordem existente neste átomo, que tem o seu núcleo rodeado pelos nêutrons e pósitrons, dentro de uma gravidade e de uma velocidade enorme regulada por princípios que ALGUÉM estabeleceu, pois "ordem e finalidade" supõem que um ser inteligente as criou. Uma Astronomia que nos mostra a existência de milhões de galáxias, sendo o nosso SOL uma estrela de somente Quinta Grandeza, e que, no entanto, tem em torno de si vários astros girando, nos obriga a pensar que não foi o "acaso" que fez tudo isto acontecer, mas que nos obriga inteligentemente a concluir por um Alguém que fez tais leis e com alguma finalidade. Uma Química que nos afirma que a nossa simples, modesta e humilde água que tomamos é composta de uma parte de hidrogênio e duas de oxigênio está de novo revelando uma admirável ordem e uma belíssima finalidade que só um SER MUITO INTELIGENTE E AMOROSO poderia ter bolado tal composição.

Uma Antropologia que, com a história, nos mostra a existência e a essência de um SER PENSANTE E LIVRE deve necessariamente se perguntar se o corpo humano pode ter vindo de uma evolução do macaco, de onde veio a alma, o espírito imortal, que reflete, que tem liberdade de opções, senão de um ALGUÉM que quis ter criaturas à sua Imagem e Semelhança??!!!

As ARTES, sejam elas a música, a pintura, o canto, a escultura, a dança, todas elas com o objetivo de nos mostrar o BELO, ao mesmo tempo que nos encantam com a sua beleza própria, nos apresentam também a relatividade de seres criados, apontando e exigindo, racionalmente, a existência do BELO ABSOLUTO.

A Psicologia, a Psiquiatria, a Psicanálise, que pretendem dar ao ser humano o equilíbrio emocional, afetivo e volitivo, nos demonstram a existência de uma falha, de uma deficiência humana, que não deveria existir, e apelam para a explicação de algo original que atrapalhou a unidade do ser humano, e que nós chamamos de pecado original.

A Vida Humana gerada pelo encontro de um minúsculo esperma masculino com um minúsculo óvulo feminino, dando origem a um novo ser, nove meses gestado no seio da mãe, não pode ser explicada a não ser por um ALGUÉM fonte de toda a vida.

Enfim, toda a ciência tem de levar-nos à VERDADE TOTAL.

As criaturas não encontram em si mesmas a razão de sua existência e de sua essência. A VERDADE TOTAL, que tudo explica e que tudo sustenta, é um Alguém inteligente e infinito. Infinito é o oposto de definido. Quem define algo, dá os limites, os fins a que está submetida toda criatura estudada pelas ciências. DEUS, o infinito, não pode ser captado pela mente criada. Faz-se, então, necessário o SALTO do científico das criaturas para a FÉ sobrenatural.

Toda ciência, se levada cientificamente às suas raízes mais fundamentais, nos leva à VERDADE suprema e última que é o Criador, DEUS. A ciência pode e deve levar-nos às portas do divino, mas não nos faz entrar nele.

E é aí que acontece a religião — a religação da criatura com o Criador. E é aí que acontece o fato característico do cristianismo: A VERDADE VIVA PESSOAL de DEUS, o VERBO, A PALAVRA ETERNA PENSADA PELO PAI, SE ENCARNOU EM UM HOMEM: JESUS CRISTO. Só ELE poderia ter dito: "Eu sou a VERDADE", ou plageando: "EU SOU O CAMINHO DA VERDADE PARA A VIDA."

O nível natural das ciências não pode, não deve, nem está desligado do nível sobrenatural, pois, se a natureza finita das realidades científicas não se explica totalmente por si mesma, é porque toda a ciência leva à verdade radical de que a explicação de sua origem, de sua ordem e de sua finalidade "está escondida com CRISTO EM DEUS".

O fato de existirem em escolas e universidades católicas alunos e professores ateus em nada diminui a Verdade que toda ciência leva a DEUS.

Dessa forma, este sobrenatural, vindo com CRISTO pela Encarnação, se coaduna perfeitamente com o natural das ciências. Aliás, estes dois mundos foram feitos pelo mesmo Criador e não podem contradizer-se. O que existe no fato real de alguma contradição não é algo objetivo, mas sim subjetivo, decorrente da pretensão orgulhosa do "sereis como deuses" do pecado de Eva e Adão já no paraíso.

O caminho de volta se chama "humildade" a que todo professor deve chegar se de fato ele caminha com sinceridade, pois "a humildade é a verdade".

Se existe verdade sólida, inquebrantável, sem competição com o divino, é a humildade de coração do cristão que professa realmente com a palavra e com a vida a verdade de sua dependência de DEUS. DEUS está em todas as coisas e todas as coisas estão em DEUS.

Todo professor que realmente ama a verdade última da ciência que ele ensina não pode ser um ateu, pois ser ateu é uma contradição objetiva, embora não julguemos o subjetivo de um tal professor.

Oxalá todo professor em universidades e escolas católicas receba os dons do Espírito Santo, principalmente o Dom da Ciência que nos mostra a íntima relação entre as realidades criadas entre si e entre o Criador. O Dom da Inteligência que nos mostra a total coincidência entre as verdades reveladas por JESUS, enfim, o Dom da Sabedoria que nos faz saborear a Presença viva de DEUS em nós pela graça.

Que MARIA SANTÍSSIMA, que nos deu a Verdade Divina encarnada dentro dela, em JESUS, faça com que todos nós professemos corajosamente a Verdade Eterna em nosso apostolado e em nossa evangelização. O caminho é árduo porque temos em nós o desgraçado egoísmo e orgulho mentiroso do pecado original que só é vencido pela graça santificante dos sacramentos.

TODO PROFESSOR DEVE PROFESSAR A VERDADE: JESUS!

O Médico

Profissão de grande responsabililade e de enorme alcance humano, pois tem como objeto o Sujeito Humano. Isto porque determinada doença ou anomalia em qualquer parte do corpo do ser humano não afeta somente aquele órgão doentio, mas tem repercussão em toda a pessoa. Uma forte dor de dente afeta todo o procedimento da pessoa. Uma diarréia persistente abate todo o ânimo pessoal. Um câncer em qualquer órgão humano pode causar uma depressão que repercute em todo o espírito do doente.

Daí a importância de o médico entender o homem em sua totalidade e unidade. Esta é uma das vantagens do "Clínico Geral". Ele percebe todas as repercussões que qualquer doença traz para a pessoa.

O especialista, por sua vez, que se aprofunda no conhecimento das causas e efeitos de uma doença em determinada parte do corpo humano, pode e deve indicar com mais categoria a cura com remédios especiais da doença em questão, ou seja, medicamentos, processos de cura que o clínico geral talvez desconheça, o especialista indica com mais eficiência.

Com as limitações próprias da criatura humana, ambos apresentam alguma falha.

É comum escutar de um ortopedista que operou um braço, ou um joelho de alguém, dizer ao paciente que sente qualquer desarranjo intestinal: "Disto eu não entendo, o meu campo é outro." E o doente tem, então, de consultar um gastroenterologista.

Ambos, porém, têm como objetivo o Homem, e com isto a medicina é uma das profissões mais nobres — pela nobreza do Homem.

Pela nobreza e pela unidade do ser humano, o médico verdadeiro deve preocupar-se e atingir a totalidade do homem, o corpo, a alma e o espírito.

Médico, em seu sentido original, é "aquele que cura". O médico para curar usa remédios, substâncias que remendam, que novamente colocam em estado de saúde o órgão humano afetado pela doença.

JESUS tinha o poder divino de curar os doentes que Ele encontrava pelo caminho e que demonstravam fé em Seu poder e em Sua divindade.

Mas ELE ordenou a seus apóstolos que também curassem. Em Lucas 10, 9, lê-se: "Em qualquer cidade em que entrardes e fordes recebidos, comei o que vos servirem, curai os enfermos que nela houver e dizei ao povo: 'O reino de DEUS está próximo de vós.'" Vê-se neste texto a proximidade de uma cura com a aceitação do Reino de Deus pela graça do batismo. Também em Lucas 9, 11, temos: "As multidões, percebendo isto, foram atrás dele (Jesus). E, acolhendo-as, falou-lhes do Reino de Deus e aos necessitados de cura restituiu a saúde." E na parábola do Bom Samaritano, JESUS (Lucas 10, 29-36) liga a cura do homem assaltado e espancado à bondade de coração do estrangeiro samaritano, reprovando a falta de caridade tanto do levita como do sacerdote que passaram adiante, sem nada fazer para curar o ferido.

Estas três passagens do Evangelho são o testemunho da prática do grande mandamento de JESUS em Mateus 22, 37-39: "Amarás ao Senhor teu DEUS de todo o coração, de toda a tua alma e de todo o teu entendimento." O segundo é semelhante a este: "Amarás o teu próximo como a ti mesmo."

Quer imensa quantidade de obras em prol dos doentes, a Igreja fez e faz em todas as nações...!!! "Os governos e as outras organizações públicas seguiram este exemplo, mas, infelizmente, nas suas estruturas nem sempre adotaram o mesmo espírito e as mesmas motivações cristãs, com conseqüências graves para as modalidades e a eficácia da cura médica, quando o homem deixou de ocupar o centro das suas considerações."

Tais reflexões nos colocam diante daquilo que deve ser o médico.

Quando um doente em sua oração pede saúde a DEUS, ele não deve parar no pedido somente da saúde física, corporal, mas também deve solicitar a restauração das forças espirituais, pois existe uma profunda influência da espiritualidade do doente sobre a saúde física.

O médico que subjetivamente tiver esta atitude de considerar o seu paciente em sua totalidade humana será levado a descobrir objetivamente nele a Pessoa do CRISTO.

Subjetivamente o médico cristão deve aproximar-se do doente com a atitude de garantia, de fidelidade, de certeza, de confiança no tratamento, de respeito pela pessoa do doente, de dedicação amorosa, de honestidade.

Não me recordo bem de um grande gênio da medicina, mas que dizia com muita humildade: "Eu trato do doente, mas é DEUS quem cura."

É impressionante o bem que faz ao doente o médico que dele se aproxima demonstrando a alegria de crer em Deus, em Jesus. Ele infunde no doente uma dose tão grande de confiança, que facilita e ajuda-lhe a cura.

Em quase todos os fatos de cura que JESUS fez em seus três anos de apostolado, Ele sempre demonstrou a união entre a cura do corpo doente com a atitude da alma que deve crer em Seu Poder divino e até em sua divindade. O milagre da cura do cego de nascença, que tanta polêmica causou entre o cego curado, os fariseus e os pais do cego, termina com uma resposta ao que os seus discípulos lhe perguntaram: "Mestre, quem pecou, ele ou os seus pais, para que nascesse cego?" JESUS respondeu: "Nem ele nem seus pais, mas é para que se manifestem nele as obras de DEUS." E, no final, JESUS pergunta e exige uma resposta do ex-cego: "Crês no Filho do Homem?" Respondeu ele: "Quem é, Senhor, para que eu creia nele?" JESUS lhe disse: "Tu estás o vendo, é quem fala contigo." Exclamou ele: "'Creio, Senhor!' E prostrou-se diante dEle" (João 9, 1-41).

O mesmo se vê no episódio da ressurreição de Lázaro. "Esta doença não é mortal, mas para a glória de Deus, para que, por ela, seja glorificado o Filho de DEUS." Marta, então, diz: "Senhor, já cheira mal, é o quarto dia." Disse JESUS: "Não te disse que, se creres, verás a glória de Deus?" "Pai, dou-te graças porque me ouviste. Eu sabia que sempre me ouves; mas digo isto por causa da multidão que me rodeia, para que creiam que me enviaste." E gritou em alta voz: "'Lázaro vem para fora!!' E o morto saiu."

Cura total do corpo morto e a exigência da fé !!!

Com tais exemplos, JESUS, o Médico divino, nos ensina a unidade da verdadeira medicina que complementa a diversidade de corpo, alma, e espírito doentes com o sobrenatural da fé em DEUS e de Sua intervenção. Unidade esta indivisível e que constitui, se quebrada e desrespeitada, a explicação de muito insucesso de médicos em suas tentativas de cura.

O ser humano atualmente, sofre de doenças e de morte, por causa do pecado original que as trouxe como castigo pela pretensão de nossos primeiros pais de "serem como deuses".

Não houvesse o homem pecado e tais desgraças não aconteceriam para o ser humano. Foi e é necessária a doação da graça sobrenatural que JESUS nos conquistou pela Sua Morte na Cruz, para nos libertarmos das doenças e da morte.

A Cruz de Cristo, hoje, nos mostra o caminho da vitória. Não joguemos fora as riquezas dos sofrimentos que nos fazem participar desta Cruz redentora nos identificando com JESUS que livremente aceitou morrer por nós.

O Advogado

Toda profissão tem suas dificuldades próprias e suas belezas. Dificuldades devido à situação real do ser humano que apresenta, em seu ser e em sua vida, deficiências que precisam ser sanadas e superadas para a reconquista do seu equilíbrio interior e à sua normalidade.

Este equilíbrio e normalidade são o objeto da virtude da justiça. Quando tudo está ajustado na vida da pessoa, tanto em seu íntimo, como principalmente em seu relacionamento familiar, econômico, social e político, a justiça se realiza naturalmente.

Infelizmente tais relacionamentos se encontram, na realidade vivencial, muito abalados por causa do egoísmo e orgulho humano, fruto do pecado original. E como a "verdade é a humildade", e "a humildade é a verdade", há necessidade de alguém que lute por descobrir e defender a verdade da justiça.

E como a justiça é a virtude que defende os direitos e os deveres, torna-se indispensável conhecer quais são os direitos da Pessoa Humana e quais os seus deveres.

Mais ainda, a justiça pode ser comutativa, quando tem como objeto o Homem em si, a Pessoa Humana em particular com seus dezoito direitos; distributiva, quando age defendendo os direitos de acordo com a posição ocupada pela pessoa; e social, quando defende o bem comum.

O campo, portanto, de atuação de um advogado é muito vasto e complicado porque os homens tornaram confusos demais os seus relacionamentos mútuos.

A base da justiça, e que todo advogado deve começar a defender, constitui-se nos Direitos da Pessoa Humana. Aqui daremos o texto conciso de tais direitos, texto elaborado pela *National Catholic Welfare Conference*, que a 1º de fevereiro de 1947 foi oferecido à ONU, um ano antes da Declaração, em 1948, dos Direitos da Pessoa Humana. O texto é o seguinte:

"A dignidade do homem criado à imagem de Deus, impõe-lhe um dever de conformar a sua vida à lei divina. Em conseqüência, como indivíduo e como membro da sociedade, ele é investido de direitos que não pode alienar. Entre estes enumeramos os seguintes:

1. Direito à vida e à integridade corporal desde o instante da concepção, seja qual for o estado físico ou mental, o que não exclui a justa punição de um crime.

2. O direito de servir a DEUS e de lhe tributar um culto privado e público.

3. O direito de receber uma formação religiosa por meio da educação e da associação.

4. O direito à liberdade pessoal sob o controle de uma lei justa.

5. O direito à igual proteção da lei sem atenção a sexo, nacionalidade, cor ou profissão religiosa.

6. O direito à liberdade de expressão, de informação e de comunicação, em conformidade com a verdade e a justiça.

7. O direito de escolher e de professar livremente um estado de vida, no matrimônio ou no celibato, o estado leigo ou religioso.

8. O direito de receber uma educação própria para salvaguardar e desenvolver a dignidade da pessoa humana.

9. O direito de reclamar do governo, por via de petição, a reparação dos agravos.

10. O direito de possuir uma nacionalidade.

11. O direito de ter acesso aos meios de subsistência, eventualmente por via de emigração.

12. O direito de se associar e de se reunir pacificamente.

13. O direito de trabalhar e de fazer escolha de uma profissão.

14. O direito à propriedade pessoal, bem como ao livre uso e à livre disposição dos bens, nos limites traçados pelas exigências do direito alheio e do interesse geral.

15. O direito a um salário vital.

16. O direito de constituir agrupamentos industriais e profissionais para os fins de realizar a justiça econômica e a prosperidade geral.

17. O direito de concluir convenções coletivas.

18. O direito, em caso de miséria individual ou familiar, de receber assistência da sociedade, ou, em falta desta, do Estado."

Tais direitos são inamissíveis e inalienáveis, quer dizer, não podem perder-se nem ser transferidos a outros.

A defesa destes direitos da Pessoa Humana já oferece um enorme campo de atuação de um advogado, pois, diante do desrespeito de tais direitos, o advogado tem de pesquisar quais as causas que levam alguém a desrespeitar o direito de outro.

E nesta pesquisa é que o advogado vai demonstrar a qualidade de sua atitude, pois, além de um discernimento criterioso dos fatos e das causas, ele deverá comportar-se com total honestidade na descoberta da verdade. E esta honestidade, na maioria dos casos, exige também uma coragem de defender direitos e exigir deveres.

Para isto foi feito o advogado: *vocatus ad*, quer dizer, chamado para a defesa da justiça. Quão danosa é, então, a influência do dinheiro sobre o espírito do advogado a fim de que ele se venda àquele do que mais oferece favores.

Como foi triste ver, em nosso Brasil, no ano de 2004, o fato de magistrados, que deveriam estar defendendo a verdade, se tornarem até "chefes de quadrilhas", enviando dinheiro para o exterior!!!

E como é consolador e contestador o exemplo de JESUS, advogado junto ao PAI na defesa de criminosos, de nós pecadores. Nós, que por nós mesmos somos uma "causa perdida", constituímos o motivo da morte na cruz do Filho de Deus, nosso Rei por sua natureza humana, a fim de extirpar da terra o pecado, que é a maior injustiça existente porque é um roubo aos direitos de DEUS sobre nós.

Que belo exemplo e fonte de graça e de virtude, de honestidade e de amor à verdade esta atitude de JESUS, que inocente e sem pecado, foi imolado para restituir ao PAI os seus direitos sobre nós e para levar-nos a cumprir nossos deveres de criaturas, de filhos de DEUS pela graça do batismo, e, quem sabe, de consagrados a DEUS por votos.

A verdade constitui motivo bastante para que morramos por ela. Mais ainda o Amor de DEUS por nós deve levar-nos a refazer a justiça. DEUS tem total direito sobre nós e nós temos total dever de adoração, de amor, de obediência à Vontade Divina.

Invoquemos JESUS, o nosso advogado junto ao PAI, para que os advogados das causas humanas o imitem na construção da Verdade, base da Justiça e do Amor, base da Paz. "Eia pois, advogada nossa, estes vossos olhos a nós volvei", rezamos todos os dias à MARIA SANTÍSSIMA, que intercede por nós junto ao seu Filho, a fim de que sejamos merecedores da misericórdia divina.

O Apóstolo Leigo

Fundamento Sacramental do Apostolado dos Leigos

Nosso Senhor Jesus Cristo, em seus ensinamentos evangélicos, ao incutir em nosso ânimo o amor e a prática da prudência, deixou-nos aquelas inesquecíveis parábolas do homem que resolveu construir uma torre e a das construções feitas em rocha indestrutível ou em areia movediça. Com a primeira, Cristo nos move a termos sempre presente o conjunto de toda a construção; na segunda, realça com insistência a importância dos fundamentos.

Sabemos todos que a construção, que neste escrito queremos levantar, será composta em seu todo das várias pedras, das várias teses apresentadas, e que cada tese *de per si* não constitui uma construção à parte, inteiramente independente. No entanto, para não perdermos a visão do conjunto, para não errarmos no matagal que reveste os caminhos desta montanha que agora galgamos, cremos ser indispensável fazer previamente um roteiro seguro. Ele nos explicará, como uma bússola, a relação, a ligação das diversas partes da caminhada com o trecho que nos foi dado palmilhar.

Encarregado de traçar, dentro deste roteiro, ou dentro desta planta, os alicerces, os fundamentos, cremos que por prudência havemos de calculá-los, ou pelo menos relacioná-los com o resto da construção. Dentro desta perspectiva, traçamos para nossa tese a seguinte divisão: Em uma primeira parte, que denominamos de **Prolegômenos**, mostraremos, brevemente, o material que deverá ser colocado sobre os fundamentos que devemos estudar. Indicaremos o estritamente indispensável para depois compreendermos a sua estreita relação existente com o nosso tema. Serão as conclusões finais das outras teses apresentadas em brevíssimo resumo. Os pontos vitais destas conclusões que estiverem essencialmente ligados com a questão dos fundamentos serão comprovados mais difusamente nas outras partes. Em uma segunda parte, estudaremos as diversas probabilidades de se fundamentar uma construção, em outras palavras, veremos, com o auxílio da filosofia, as maneiras diferentes com que qualquer fundamento cumpre de fato a sua missão de fundamentar.

Em seguida, examinaremos que bases realmente possuímos, dentro da ordem sacramental, para fundamentar o que antes apresentamos como apostolado dos leigos. Enfim, terminaremos apresentando como tais fundamentos de fato sustentam o apostolado dos leigos.

1. Prolegômenos

Apresentando nesta primeira parte o material a ser sustentado pelos fundamentos sacramentais, tocaremos única e resumidamente em três pontos de estreita ligação com o nosso tema: 1) Apostolado; 2) Mandato; e 3) Sacerdócio.

a) Apostolado

Há um princípio nas obras de Deus, e que iremos observar, por várias vezes repetindo nos nossos estudos, que nos mostra como, à medida que os ciclos componentes da economia divina se distanciam da fonte principal, o que era uno, simples, na fonte, vai-se diversificando em parcelas de participação, diversas umas das outras, cada uma refletindo uma perfeição distinta, e conservando em cada ciclo uma simetria, um paralelismo com o ciclo anterior superior.

Para falarmos de apostolado, temos, primeiramente, de compreender em que se constitui a sua essência.

A *essência* do apostolado é ser uma "missão". Em nosso caso, devemos dizer que existe, essencialmente, um só apostolado na Igreja: o apostolado hierárquico.

Esta palavra "apostolado" (de *apostolus*), como diz *Caggiano*, poderia significar uma instituição ou também um estado, ou a atividade própria do mesmo[1], enquanto atualmente, fora do domínio teológico ou histórico-crítico, o significado usual de "apostolado" se refira à atividade própria dos apóstolos cujo chefe é o Papa. O apostolado hierárquico é, pois, o apostolado da Hierarquia de instituição divina que constitui uma "missão". Esta "missão", que também é um "poder", é magistério, mistério e regime ou governo, que se fundamentam no poder da Ordem sacra e de jurisdição. Há, pois, na Igreja um apostolado que sua Hierarquia de instituição divina atua por mandato expresso e formal do Divino Fundador, em ordem à mesma vida da Igreja e no exercício de seu poder de Magistério, Mistério e Governo que lhes é próprio. Este apostolado hierárquico, com as distinções em seus três poderes, é o próprio apostolado de Cristo, *missus a Patre*, no qual este tríplice poder se encontra unido, simplificado, e do qual participa o ciclo hierárquico.

---

(1) CAGGIANO, D. Antônio. Fundamentos Doctrinales del Apostolado de los Laicos, *Lección dada en el Congreso Mundial del Apostolado de los Laicos en Roma*, el 9 de octubre de 1951. p. 25.

Não nos devendo demorar em minúcias sobre tais pontos, mas unicamente em conclusões, passemos a anotar o que podemos dizer sobre as espécies de apostolado.

1. Consta por inegável tradição cristã a existência do que podemos denominar de "apostolado dos leigos", realizado ao lado do único apostolado existente na Igreja, o hierárquico, e com ele unido por laços especiais.

Fundamento desta união e ligação é que "a causa principal", ou a causa essencial de todo apostolado na Igreja, sempre é e deve ser a sua Hierarquia de instituição divina; se assim não fosse, o apostolado não seria da Hierarquia, não seria dos enviados de Jesus, nem da Igreja, nem de Cristo. Por isto, todo apostolado que se exerce na Igreja por membros seus que não pertençam à Hierarquia de instituição divina, para que seja legítimo e eficaz, deve atuar como "causa instrumental, subordinada" à causa principal, que, no caso, é essencial a todo apostolado.

Sobre a maneira mais próxima pela qual se relaciona este apostolado dos leigos com o hierárquico, temos somente a dizer que os leigos participam da obra, da ação do apostolado, do apostolado enquanto atividade e não da missão, do mandato, dos poderes da essência mesma do apostolado.

Assim, como diz *Alonso Lobo*, "o apostolado hierárquico compreende duas coisas: a função e o exercício desta função. Só a hierarquia possui a função que compreende e exige três grandes poderes para realizar a ação vivificadora da vida de Cristo: o magistério da verdade, o mistério da santificação e a autoridade do governo. Mas a segunda fase do apostolado hierárquico, a saber, o serviço de caridade, o ministério em favor das almas não está proibido aos leigos".[2]

2. Dentro de todo o apostolado do leigo, que pode ser denominado Ação Católica, podemos ainda encontrar bem definidas várias formas distintas: as de caráter individual e as de caráter coletivo (que supõe e exige o primeiro). Estas, de caráter coletivo, podem revestir-se de várias formas de organização. Umas, as organizações "recomendadas e aprovadas" pela Hierarquia, ainda não "pessoas jurídicas", sem caráter público em seu apostolado que, por isso, continuam sendo de caráter privado. Outras, as "erigidas", já pessoas jurídicas, com um apostolado público.

Entre estas últimas, que, *pleno jure*, podem ser chamadas AC, existe também, por vontade expressa da Igreja, uma graduação, conforme a forma de que se reveste a sua organização.

---

(2) ALONSO LOBO, Arturo, O. P. *Que és y que no és la Acción Católica*. Madrid, 1950. p. 84.

Distinguindo-se nesta graduação, encontramos então a AC "fundamental, principal", "chamada pela Hierarquia a prestar essencial e direta colaboração em seu apostolado hierárquico"[3], que "por um título especial está diretamente subordinada ao Poder da Hierarquia eclesiástica"[4] e que reveste uma "forma nova e uma organização acidental para seu melhor e mais eficaz exercício"[5], distinguindo-se das demais por uma "diferença acidental, mas real".[6] Esta forma nobilíssima de colaboração que constitui a "AC"[7] possui como elemento genérico de sua definição o fato de ser um "apostolado que participa do apostolado hierárquico enquanto atividade, exercício, de uma função sacra e não da própria essência ou poderes desta mesma função".

Quanto ao seu elemento específico, encontramo-lo em sua forma nobilíssima de cooperação que, além de ser organizada, é "subordinada e coordenada direta e imediatamente com a Hierarquia eclesiástica"[8] e que faz da AC o "apostolado dos leigos oficial".[9]

Sobre o termo apostolado, bastam-nos estes conceitos, para que depois os relacionemos com os fundamentos sacramentais. As seguintes teses tratarão *ex professo* do assunto.

b) Mandato

Necessário, ainda, para depois relacionarmos com os fundamentos sacramentais, é o conceito da palavra *mandato*.

1. Mandato, em seu sentido original, essencial, é a própria "missão" dada aos apóstolos por Jesus, missão que, *ipso facto*, os armou de poderes, direitos e deveres especiais.

O mandato apostólico acarreta para quem o recebe a comunicação dos poderes de Ordem e de jurisdição. O poder de Ordem, pela Ordenação, confere o poder de confeccionar e administrar sacramentos e sacramentais.

O poder de jurisdição comunica o poder de apascentar e conduzir, por meio do magistério e do regime. Pelo magistério, o ordenado possui o poder, a

---

(3) *Estatutos* A. C. I. art. 2.
(4) Pio XII, Discurso na Ascensão, 3 de maio de 1951; REB, 1951. p. 470.
(5) *Idem*, p. 470.
(6) CAGGIANO. *Op. cit.*, p. 43.
(7) Pio XII, *Discurso à A. C. I.* 4.9.1940.
(8) ALONSO LOBO. *Op. cit.*, p. 131.
(9) Pio XII, Discurso no Congresso Mundial do Apostolado dos Leigos, aos 14.10.1951.

autoridade e o dever de ensinar, bem como o direito a que os demais aceitem e respeitem as verdades reveladas e ensinadas. Pelo regime, o ordenado possui as faculdades indispensáveis para governar, seja promulgando leis (legislativa), seja julgando ações dos súditos (judiciária), seja castigando transgressores (coativa).

2. Com o mesmo nome, mas com outro sentido, fala-se, é impossível negá-lo, em mandato, quando se menciona e se explica a relação especial existente entre Hierarquia e a AC no que diz respeito à participação desta no apostolado daquela. Pio XI, Pio XII, quando ainda Cardeal, o Episcopado Nacional, em sua Conclusão n. 3 do I Congresso Nacional de AC, o Cardeal *Caggiano* e muitos outros tratadistas eminentes nomeiam o termo e aceitam a realidade do mandato. Quanto ao seu sentido exato, cremos ser uma conclusão a ser provada em tese referente ao assunto, a que se resume na seguinte afirmação: o mandato de que se fala na AC é uma simples aceitação oficial, ou mais, uma autorização oficial por parte da Hierarquia do trabalho de cooperação feito pelos leigos que a ela se prendem pela forma direta e imediata da AC.

Mandato não pode ser algo que confira ao leigo qualquer parcela dos Poderes acima discriminados do mandato hierárquico. Somente para um tal mandato, assim compreendido, é que encontramos fundamentos sacramentais, como abaixo veremos.

c) **Sacerdócio**

Um ponto que se liga mais estreitamente com o nosso tema, e cujo esclarecimento prévio já nos vai fornecer material abundante para as conclusões posteriores, é que se prende ao conceito de Sacerdócio. Esta ligação especial está no fato de este conceito incluir a um só tempo a noção de uma consagração com fundamentos sacramentais e a noção da missão apostólica do Sacerdote. Esclarecendo, pois, o conteúdo de "sacerdócio dos leigos", estaremos também situando bem em seus devidos limites e tocando de perto o âmago de nossa tese.

1. Atualmente, no mundo teológico que cuida de estudar este tema — Sacerdócio —, existem quatro correntes diversas, cada qual apresentando um fundamento distinto como fundamento específico, formal, do conceito de "sacerdócio", de "sacerdote", tanto em sua ordem hierárquica como na ordem dos leigos.[10] A escola tomista, baseando-se em S. Tomás, apresenta, como

---

(10) CONGAR, Yves, O. P. Structure du Sacerdoce Chrétien, em *La Maison-Dieu*, n. 27, 1951, p. 51, nota 1.

elemento formal do conceito sacerdote a realidade da mediação; a escola francesa apela para a realidade da "consagração"; o Cônego Masure fala em "amor e adoração a Deus e amor apostólico pela salvação das almas", indicando assim o apostolado também como formalidade do sacerdócio; enfim, não poucos teólogos modernos, baseados em concílios e Santos Padres, afirmam ser o sacrifício, ou a relação com o sacrifício, o elemento formal procurado.

Coloquemos cada um desses elementos em seu devido lugar e veremos que todos eles são essenciais à definição de sacerdócio, sem haver oposição mútua, ao contrário, uma interdependência e complementação. Dessa forma, ainda que a noção da mediação seja mais ampla que a do sacerdócio, uma vez que há mediações de revelação que não são sacerdotais; se bem que, muitas vezes, a consagração preconizada pelos seus defensores seja encarnada mais como uma espiritualidade da função sacerdotal que como uma definição; se bem que o apostolado seja mais uma descrição das atividades dos sacerdotes; estas três noções se interpenetram com a relação ao sacrifício, formado neste todo uma visão conjunta dos elementos essenciais do sacerdócio cristão.

Antes de estudarmos em separado o sacerdócio cristão relacionado com estes quatro elementos essenciais, poderíamos dizer que se unem e se completam da seguinte maneira: O sacerdote é um mediador, e para que o seja, lhe é necessário, em ato primo, receber uma consagração. Feito mediador, Ele é destinado em ato segundo a exercer uma função, que, no seu caso, é o sacrifício, com o qual se liga estreitamente, e o apostolado.

Vê-se com efeito a maior importância do elemento "sacrifício", sem que com isto diminua a ligação necessária com os demais.

Encaremos agora o sacerdócio cristão sob estes diversos prismas para bem o compreendermos.

2. Sacerdote, termo etimologicamente explicado por S. Tomás: *sacerdos, quasi sacra dans*, em sua realidade foi descrito por S. Paulo, que o tomou como um *mediador* (Heb 5, 1-4). Assim, como mediador, deve possuir uma eqüidistância entre os extremos, os quais ele une levando a cada um o que ao outro é próprio. Elementos essenciais lhe são, pois, a qualidade de mediador e o ato específico da oferta do sacrifício.

Como mediador em ato primo deve possuir algo de comum entre os dois extremos que realize a aproximação entre Deus e os homens, ao mesmo tempo que, por alguma coisa, se diferencie de Deus e por outra se distancie dos homens. Para adquirir tais requisitos é que se torna indispensável uma consagração que o aproxime de Deus, sem que lhe tire aquilo que o aproxima dos homens.

Em ato segundo, na realização, no exercício de sua função de unir, de reconciliar as partes separadas, transmitido a ambos o próprio de cada um dos extremos, é que o sacerdote se relaciona com o sacrifício, ato máximo de mediação ascendente, e para o qual *principaliter* o mediador foi consagrado sacerdote e sem o qual não existe sacerdócio. No sacrifício o sacerdote, mediador por excelência, exerce sua mediação ascendente dos homens a Deus e descendente de Deus aos homens. Recorrendo às suas preces, intercessão e satisfação, mas sobretudo ao sacrifício — síntese de todos os deveres da humanidade para com Deus —, é que estará cumprindo a sua missão, para a qual foi consagrado. Realmente todo o seu poder sacerdotal lhe foi conferido unicamente para agir, para se tornar mediador em ato segundo.

3. Mais especificamente adequada para ser a formalidade própria do sacerdócio, a sua relação com o sacrifício aprofunda-nos ainda o seu conhecimento.

Profusamente fundamentado em toda a Sagrada Escritura, a relação entre o conceito de sacerdócio com o sacrifício, ora se apresenta descrevendo a qualidade sacerdotal do povo de Deus ou dos fiéis[11], ora usando expressões culturais características[12], ora afirmando que a qualidade sacerdotal de Cristo está ligada a sua qualidade de vítima[13], ora, enfim, definindo o sacerdócio por sua função sacrificial.[14]

Numerosos Santos Padres, como S. Agostinho, S. Tomás, o Concílio de Trento, relacionam e definem o sacerdócio pelo sacrifício. Assim relacionado, poderíamos dizer que o sacerdócio em seu sentido geral se definiria como uma qualidade que permite apresentar-se diante de Deus pela oferta de um sacrifício agradável, para obter graças.

Sobre o que venha a ser o sacrifício, sabemos das grandes discussões teológicas a respeito. O seu sentido comum, popular diríamos, é alguma coisa que nos custa. Em um passo adiante diríamos melhor que o sacrifício é o ordenar-se a coisas superiores que exigem a preferência eventual delas ao invés do próprio eu. Enfim, seria ordenar a Deus a totalidade de nosso ser aceitando livre e amorosamente a nossa referência a Ele, a nossa dependência absoluta, orientando e conformando a nossa vontade com a Divina. Santo

---

(11) Ex 19, 6; Is 61, 6; 1 Ped 2, 4-5; 9-10; Rom 12, 1 (cf. 6, 13); Hb 13, 15-16; Apoc 1, 5b-6; 5, 9-10; 20, 6 (cf. 22, 3-5).
(12) Rom 15, 16, 27; Ef 2, 18-22; Filip 2, 17; 3, 3; Hb 4, 14-16; 7, 19; 8, 1; 10, 19-22; Lc 1, 75; 2 Cor 8, 4; 9, 12.
(13) 1 Ped 1, 19; 2, 24; 2, 18; Jo 17, 19.
(14) Hb 5, 1; 8, 3; 2, 17; 9, 11-14; 10, 11.

Agostinho fala-nos do sacrifício como de toda obra feita para união com Deus ou para nos referir ao Sumo Bem capaz de nos fazer felizes. S. Tomás nos fala do "retorno a Deus".

Baseando-nos neste sentido, podemos então falar de um sacerdócio de justiça relativa à forma geral do sacrifício como oferta de nossa própria vida. S. Irineu tem a forte expressão: "Todos os justos possuem a ordem sacerdotal", que só se entende no sentido geral que expressemos. S. Agostinho diz que "todo homem consagrado em nome de Deus e a Ele dedicado, enquanto morre ao mundo para que viva para Deus, é um sacrifício". Tal sacerdócio natural, interior, pessoal, tornou-se público no Antigo Testamento.

Mais um passo adiante, podemos dizer que, tendo como termo uma união perfeita com Deus, o desígnio divino estabeleceu como meio necessário para tal realização um sacrifício e um sacerdócio da graça. Daí a economia divina e positiva de sacrifício e sacerdócio. Daí também podermos adiantar que a realização perfeita da intenção cultural desejada por Deus, conformada amorosamente a vontade humana com a de Deus, só em Cristo a vamos encontrar, só nEle, como diz S. Paulo, encontramos a realização das promessas do Velho Testamento.

E, assim como a qualidade sacerdotal do povo de Israel estava condensada no sacerdócio do Sumo Sacerdote, representante do povo para expiar e restabelecer a união com Deus, assim também o sacerdócio e sacrifício do povo cristão está condensado no de Cristo. S. Agostinho, S. Cirilo de Alexandria, S. Leão Magno e S. Ambrósio falam com insistência desta ligação do sacrifício individual com o sacrifício de Cristo, único capaz de realizar completamente o retorno a Deus de todos os cristãos.

Também a Escritura, além de falar do sacrifício individual, fala da união deste com o de Cristo.[15]

Dentro, pois, deste sacerdócio de justiça encontramos uma economia especial, dentre cujas condições gerais encontramos a de Cristo ser não só o princípio e o fim de tudo, mas também a via que une um ao outro. Ele é a vida e também o meio de alcançar esta vida. Daí entendemos a função de todos os sacramentos: Reproduzir de um modo simbólico-real o que Jesus realizou em sua vida por nós, unindo nossa vida à Sua.

Este sacerdócio, pois, de justiça, interior e pessoal está fundamentado no sacrifício individual da vida de cada cristão, sacrifício de justiça e santidade.

---

(15) Hb 15-16; Jo 1, 16; 3, 13; Ef 1, 23ss; 1 Cor 12, 12; Col 3, 2; Apoc 1, 8; 21, 6; 22, 13.

Este sacerdócio recebe na Escritura o título de sacerdócio "real" dos leigos. Sacerdócio que não está relacionado em primeiro plano com os sacramentos e a Eucaristia, mas com a oferta de nós mesmos.

É neste sentido que as Escrituras nos falam ora de um culto espiritual, de sacrifícios espirituais agradáveis a Deus[16], de hóstias vivas e santas (Rom 12, 1), ora de um sacrifício de louvor, fruto dos lábios (Hb 13, 15), da confissão da fé (1 Ped 2, 9), de obras de misericórdia (Hb 13, 16). Esta realeza do sacerdócio "real" significa o domínio sobre todas as coisas, domínio que nos restitui a dignidade real de reis da criação, e que liberta do pecado. S. Paulo, S. Hilário, S. Leão, S. Efrém assim entendem o sacerdócio real. Tal ligação, aliás, é freqüente na Escritura: entre o sacerdócio e a realeza.[17]

Este sacerdócio real se liga com os sacramentos da Igreja, tanto a Eucaristia como os demais, porque todos têm o mesmo fim: unir os fiéis a Deus, unindo-os ao sacrifício de Cristo.

E é precisamente aqui que este primeiro título, o sacerdócio espiritual de justiça, interior, espiritual, de santidade pessoal, se liga com o outro título de participação do sacerdócio de Cristo, o sacerdócio batismal. É neste último, no exercício do sacerdócio batismal, que o sacerdócio real de justiça encontra sua consumação. O sacerdócio batismal, por sua vez, é significado e causado pela Eucaristia. Do batismo vem aos fiéis o poder de se oferecerem em sacrifício *na unidade do Corpo Místico*. E nesta outra ordem de coisas, na ordem sacramental, encontramos então o sacerdócio sacramental relacionado primeiramente com a Eucaristia e fundamentado nos sacramentos.

Possui ele dois degraus: o sacerdócio hierárquico, de ordem, e o sacerdócio batismal ou dos leigos.

Característico do sacerdócio dos leigos é o direito de participar do sacrifício da Missa e dos sacramentos.[18] E, note-se bem, o direito de participar não só das preces públicas, de que um não-batizado pode participar, mas do Sacrifício Eucarístico e dos demais sacramentos dos quais um não-batizado não participa.

Este poder de participar dos sacramentos e do Sacrifício é um poder permanente no leigo, conferido a ele pelo caráter que abaixo iremos estudar. Como diz Pio XII na *Mediator Dei*: "Pelo banho do batismo, os cristãos por um título comum, membros do Corpo Místico do Cristo Sacerdote, e pelo 'caráter'

---

(16) Rom 12, 1; Filip 3, 3; 1 Ped 14, 5.
(17) Apoc 5, 10 e 20, 6; Rom 12, 1; compare com 6, 12.
(18) Mediator Dei, AAS, 1947. p. 555 ss.

que está de uma certa forma gravado em suas almas, eles são delegados ao culto divino: eles participam, segundo a sua condição, no sacerdócio de Cristo."

Resumindo: visto em relação ao sacrifício podemos dizer que existem três títulos de participação do sacerdócio de Cristo: o **sacerdócio espiritual** de justiça, interior e real, o **sacerdócio exterior** litúrgico-sacramental com sua dupla espécie, **o batismal ou o sacerdócio dito dos leigos**, e o **ministerial ou hierárquico**.

Os leigos, pois, que não possuem o terceiro título (o do sacramento da Ordem), têm os dois primeiros títulos; um que lhes vem da graça, outro da consagração do caráter. Destes dois títulos resultam duas atividades sacerdotais dos leigos: oferecer sua própria vida a Deus e participar das celebrações da Igreja, particularmente da Eucaristia.

Enfim, podemos anotar que, assim como no Sacerdócio Hierárquico existem graus diversos, a saber, o simples sacerdócio e a plenitude do sacerdócio na Sagração Episcopal, assim também no Sacerdócio dos leigos existem graus de participação, a do Batismo e a da Crisma. É interessante observar que, na Ordem Hierárquica mais próxima da fonte, tal graduação não se faz por meio de um sacramento novo, enquanto, na Ordem dos leigos, tal graduação se faz pelo Batismo e pela Crisma. É o princípio que acima expusemos de que, quanto mais próximo da fonte, tanto mais simples.

Terminando este ligeiro estudo sobre o sacerdócio dos leigos, vejamos como se fundamenta ele, ou que relação possui com o apostolado.

Já de início convém observarmos que, assim como o Sacerdócio de Cristo não é unicamente litúrgico, também o sacerdócio dos leigos não tem a finalidade principal de uma celebração litúrgica, ou ritual. Sem dúvida de que possui formalmente a relação com a Eucaristia, mas isto de um modo especial. Sua relação fundamental é com o sacrifício tomado como referência perfeita a Deus, como retorno a Deus.

E é neste sentido que podemos, então, compreender a subordinação, a ordenação do campo sacramental para com o campo da graça.

A Eucaristia como sacramento, o batismo e a crisma, conferindo um caráter, e os demais sacramentos, foram instituídos por Cristo para santificação de nossa alma, *sacramenta propter homines*.

Por isso, podemos também afirmar que o sacerdócio foi feito tanto pelo seu sacrifício, como pela sua consagração e poderes, para suscitar e educar novos participantes do sacrifício de Cristo.

Daí vem a estreita relação do apostolado com o sacrifício e com o sacerdócio de Cristo, pois é por ele, pelo apostolado, que "completamos em nós [e nos outros] o que faltou à Paixão de Cristo, em prol do Corpo Místico".

O apostolado é a extensão ou a propagação deste sacrifício de Cristo que, apropriado e vivido por cada cristão, irá levá-lo à perfeição do seu sacrifício real, espiritual, interior de santidade e de união com Deus, na qual será rei e realizará sua missão de glorificar a Deus.

Assim, os leigos, em seu sacerdócio, teriam também uma relação profunda com o apostolado.

Para entendermos melhor esta relação, poderíamos, por exemplo, fazer uma comparação com o sacerdócio hierárquico.

O sacerdote ordenado recebe pela sua consagração não só uma relação com o Sacrifício e com os sacramentos que o faz ministro e que o orna dos poderes sacrossacramentais, mas também recebe poderes e direitos especiais de jurisdição que o fazem mestre com autoridade, poder, direito e dever especiais.

O magistério e o regime dizem mais respeito ao apostolado como atividade do que ao sacrifício, centro do sacerdócio.

Tendo em vista o paralelismo dos ciclos — a que nos referimos no início —, podemos descobrir uma semelhança, não identidade, ao afirmarmos que também no sacerdócio dos leigos deve haver referências, concedidas pelo caráter, ao magistério e ministério, em outras palavras, referências essenciais à colaboração com o apostolado que também pertence ao sacerdócio.

2. Espécies de fundamentos

1. O Apostolado dos Leigos, sendo por natureza uma atividade, é um conceito relativo. Toda atividade se especifica por aquilo com que se relaciona: pelo princípio de onde procede e pelo fim para o qual se ordena.

E como entre o princípio de uma atividade e o seu fim, necessariamente deve haver uma promoção, vamos aqui tratar da questão do princípio fundamental desta atividade do apostolado dos leigos.

Toda atividade pode originar-se de um princípio fontal ou *per modum informationis* ou *per modum obligationis* ou *per modum elicitivum*.

Dessa forma, o princípio fontal de ação ou princípio operativo pode passar da potência ao ato ou como princípio informativo ou como princípio imperativo ou como princípio elicitivo.

Ilustrando, poderíamos dizer que a ação de rezar o nosso breviário é resultante de um princípio imperativo que é a obrigação assumida em nossa ordenação; além disso, se o rezamos com muita piedade e devoção, a ação de rezar será fruto de um princípio informativo excelente, isto é, a virtude cristã da devoção e da piedade; enfim, considerado em si mesmo, o ato de rezar é resultante de um princípio elicitivo, ou seja, nossa inteligência e vontade iluminadas pela fé. O mesmo diríamos de uma criança cujo pai a obrigou a fazer uma boa obra: princípio imperativo: a ordem do pai; princípio informativo: fazê-la com boa ou má vontade, de um modo perfeito ou defeituoso; princípio elicitivo: a inteligência e vontade.

Informativo, pois, seria o princípio que não tem propriamente uma influência de causalidade, mas de modalidade, seja de sublimação, seja de deformação ou degradação; princípio imperativo é aquele que em si mesmo não é uma faculdade de realização, mas unicamente uma lei, um título obrigatório que impera a uma outra faculdade realizar tal ou tal ação; enfim, princípio elicitivo é aquele que especificamente é ordenado *ex natura sua* para uma determinada ação por ele realizada sempre direta e imediatamente.

Considerando, pois, o princípio operativo em relação ao elicitivo, podemos dizer o seguinte: o princípio operativo *simpliciter*, sem seu aspecto de elicitivo de algum ato, é mais genérico e, considerado em si só, mais de perto descreve a natureza do seu possuidor, considerando-o em ato primo somente. Já como operativo elicitivo, ele nos aparece em seu aspecto específico, mostrando mais de perto a atividade, o exercício da função operativa, ou o seu possuidor em ato segundo. Há, portanto, qualquer coisa de mais estático (já não digo passivo) na consideração do princípio operativo *qua talis*, em relação a aspecto mais dinâmico (ou ativo) do princípio elicitivo.

2. Assim entendidas as coisas, poderíamos então situar a crise de nossa tese propondo-nos a questão: Interessa-nos saber qual seja o princípio elicitivo, específico do apostolado dos leigos, deixando de lado o princípio operativo informativo e imperativo.

Daí não nos interessar a afirmação global, sem precisão, de que "os fundamentos", as "bases" do apostolado dos leigos podem ser encontradas ou na graça, ou nas virtudes, ou no mandamento da caridade, ou, enfim, nos sacramentos do Batismo e da Crisma. Queremos precisar como cada um destes se relaciona com o apostolado, qual deles é o princípio operativo elicitivo.[19]

---

(19) SAURAS, Emílio, O. P. Fundamento sacramental de la Acción Católica, em *Revista Espanhola de Teologia*, 1943. p. 130.

E como o nosso tema se restringiu ao exame, unicamente, dos fundamentos sacramentais do apostolado dos leigos, deixamos de lado o apostolado que poderia originar-se dos outros princípios operativos.

Examinaremos aquele princípio de ação que nos resta, a saber, o caráter da crisma e do batismo, neles procurando bem definir de que cada um é princípio operativo em ato primo e elicitivo em ato segundo, a fim de que encontremos como um e outro são fundamento para cada uma daquelas espécies de apostolado apresentadas de início.

Embora todos os elementos sejam necessários, por máxima conveniência, nem todos são essenciais como princípio elicitivo do apostolado dos leigos, se encarados aos fundamentos estritamente sacramentais.

Afirmar, por exemplo, que a graça santificante seja elemento essencial do princípio elicitivo, seria o mesmo que afirmar que os pecadores, fora do estado de graça, não poderiam fazer apostolado — o que todos rejeitam. Diga-se o mesmo de qualquer outra virtude.

Para a graça santificante e para as virtudes, resta-nos, pois, afirmar que são princípios informativos, necessários por sua conveniência, não, porém, por necessidade essencial absoluta.

O preceito da caridade também é um princípio operativo. Tem também o seu apostolado próprio. É elicitivo de um apostolado. Mas, dentro do prisma "sacramental" do exame de nosso tema, este preceito da caridade, ou a caridade enquanto virtude e mandamento, deve ser considerado como princípio imperativo.

Permanece, pois, como objeto próprio do nosso estudo, o princípio operativo apresentado também como base, como fundamento do apostolado dos leigos, a saber, os dois sacramentos do batismo e da confirmação que, com o caráter que conferem, possuem algo essencialmente apto para ser tomado como princípio operativo elicitivo.

Cabe-nos, pois, agora o encargo de estudarmos a natureza deste princípio operativo, tanto no batismo como na crisma, para, depois de conhecidas as suas características, podermos então assinalar a relação com o apostolado dos leigos em suas diversas espécies.

3. Princípios Operativos Sacramentais

Relacionado de um modo geral o que vimos sobre sacerdócio, mandato e apostolado, com a questão dos fundamentos, primeiramente vamos estudar o caráter em si, sua natureza, sua função e seu exercício.

Imediatamente após, focalizaremos o cunho específico deste caráter no batismo e na crisma, bem como as linhas precisas da distinção entre um e outro sacramento, encarnados já como fundamentos do sacerdócio e do apostolado dos leigos.

a) O caráter em geral

1. Centro principal de todo o sacerdócio dos leigos, o Sacrifício de Cristo, apesar de ser perfeito em si e plenamente suficiente, não aboliu os símbolos santificadores. Contido na Eucaristia, o Cristo, Sacerdote e Vítima, sob a forma de Sacramento e Sacrifício, deve ser apropriado pelos homens por meio de sua participação na celebração sensível de tais mistérios. Todos os frutos da Redenção se encontram em um organismo sacramentário para tal finalidade, o que mostra como todo rito da religião possui relação essencial com o Sacrifício e Sacerdócio de Cristo. Todos os demais sacramentos são uma expressão implícita da oferta de Cristo, pois demonstram um reconhecimento do domínio de Deus, ato típico do culto latrêutico.

Dessa forma, dado que todo ato de religião é ato de culto, e, ainda, que o centro da religião ou sua expressão mais perfeita é o sacrifício e que todo sacrifício supõe sacerdócio, podemos concluir que toda deputação ao culto deriva do Sacerdócio. Em nosso caso, há um só culto, um só sacerdócio, o de Cristo. O nosso sacerdócio é o mesmo de Cristo, participado. É esta nossa inserção no grande movimento de culto a Deus, iniciado por Cristo, que se faz por meio do caráter.

Nem a Escritura, nem antigos autores nos dão um ensino formal da doutrina sobre o caráter. A vida da Igreja, porém, e sua prática contêm princípios que comprovam tal doutrina.

S. Agostinho, em suas discussões com Donatistas, já expunha a teologia do caráter sacramental. S. Tomás faz uma clara evolução em suas exposições desde o Comentário das Sentenças até a Suma Teológica. O Concílio de Trento, enfim, define sua existência, deixando esclarecidos somente três pontos: que existe, que é indelével e que o da Ordem constitui irrevogavelmente o estado sacerdotal; quanto à natureza do caráter, deixa à discussão dos teólogos, cabendo-lhes esclarecê-la. Distinto da graça, o caráter tem como princípio básico o aperfeiçoar da alma para o ministério do culto.

2. Quanto ao nome, caráter, originário da língua grega, diz o mesmo que o latino *signaculum*. A significação histórica no tempo de seu emprego era *signum quo cognoscebantur inscripti in militia*, mais ou menos como o sinal impresso a ferro quente nas ancas do gado.

Quanto à sua realidade, o caráter pode ser *definido* em geral como um sinal espiritual e indelével impresso pelos três sacramentos pelo qual o homem é deputado para aquelas coisas que pertencem ao culto divino.

Causa eficiente do caráter é a própria Santíssima Trindade; causa exemplar: o caráter eterno do sacerdócio de Cristo; causa formal: a participação que traz uma distinção para as pessoas que o recebem; causa material: a impressão feita na alma racional *secundum imaginem*. Pela terminologia de S. Tomás, o caráter, nos sacramentos que o imprimem, seria o *res et sacramentum*, com um duplo aspecto, a saber, *ut res respectu signie ut sacramentum respectu ultimi effectus*, ao qual corresponderia também uma dupla atribuição: como sacramento é sinal da graça, como caráter (ou como *res*), é sinal configurativo a algum principal, junto a quem se encontra a autoridade daquilo para o qual foi deputado.

Em seu aspecto e atribuição de *signum*, é de se notar, não está o seu aspecto qüididativo e essencial, mas somente acidental. É em seu aspecto e atribuição de *res* que o tocamos em sua essência: é um *signum distinctivum et configurativum*.

Deixada de lado a questão do sujeito em que se apóia, em nossa alma, o caráter, vejamos ainda algo sobre a sua natureza.

Ele não é uma consagração substancial, mas acidental; é algo de sobrenatural substancial e não somente sobrenatural modal, embora seja algo criado; é uma forma acidental que possui algo que, consignado, se assemelha um ao outro.

Como participação sobrenatural não se insere dentro dos procedimentos conhecidos da pertença ao caráter; discute-se se à categoria da qualidade com suas quatro espécies de hábito, ou de potência, ou de paixão ou de figura ou se à categoria de relação.

S. Tomás por exclusão nega que esteja na essência da alma, ou que seja relação, que seja uma figura, que seja uma *passio*, que seja um hábito, para afirmar que se reduz à espécie de potência ou a "uma qualidade ordenada como potência".

Como potência, o caráter se caracteriza por ser uma consagração acidental que nos assemelha a Cristo, deputando-nos para o culto. Também como participantes do sacerdócio de Cristo, uma vez que é da natureza do caráter participar de um poder.

Esta deputação ao culto é a segunda das duas espécies de santificação nomeadas por S. Tomás: a pessoal ou *emundatione* e a deputativa ou *emancipa-*

tione. Aquela confere santidade subjetiva e se faz pela graça santificante; esta só confere uma "santidade" cultual e deputativa e se faz pelo caráter.

Examinemos, pois, esta potência do caráter, primeiramente sob o seu aspecto de consagração e mediação, ou em ato primo, e, em seguida, sob o seu aspecto de atividade, de exercício, de relação com o sacrifício e com o apostolado ou em ato segundo.

3. Passemos a considerar o caráter como consagração, *em ato primo*. Típico da consagração feita pelo caráter é a deputação para o culto divino ou a participação do sacerdócio de Cristo, feito para dar e receber coisas divinas, ou, em outros termos, é o poder de reproduzir as ações cultuais do Sumo Sacerdote Cristo.

Esta deputação de tal forma é radical, posto que dela depende a validade dos atos sacramentais; sem ela os atos são nulos diante de Deus.

Em si mesma é uma potência física que opera fisicamente e não moralmente, como muitos ainda dizem. Em relação à causa primeira, o caráter é uma potência ministerial diminuída e incompleta, supondo imperfeições porque é uma simples participação. No entanto, apesar de não ser primariamente operativa e ser subordinada e ministerial ou causa instrumental, apesar de, em ato primo, só possuir a força da causa principal, o caráter pode ser chamado e é de fato uma potência operativa permanente diversa do impulso instrumental transitório das graças dos sacramentos. Potência que assim pode ser chamada não porque seja uma atividade permanente, mas porque é uma aptidão estável, uma capacidade, um título que confere um direito a receber, de um modo conatural, o concurso do agente principal, ou seja, as graças atuais dadas sempre por Deus em razão de sua existência nas almas dos batizados, crismados ou ordenados.

Assim encarado, o caráter se apresenta de fato como um fundamento para o apostolado dos leigos. Vejamo-lo, pois, *em ato segundo*, em seu exercício ou atividade.

4. Como vimos, operativo por essência, o caráter como potência está essencialmente ordenado a produzir atos, não devendo permanecer inoperante. Os atos, os objetos a que por natureza se ordenam são as ações espirituais ou hierárquicas na expressão de S. Tomás.

E, como causa instrumental que é, os efeitos que deve produzir são superiores às forças naturais, tendo por isto necessidade de uma energia superior transitória do agente primário. Em ato segundo, pois, o caráter se apresenta não como uma faculdade nova, mas como uma elevação, um cunho especial, um título que marca sobrenaturalmente, ou sacramentalmente, todos os atos dos que o possuem. Esta marca por sua vez não passa do valor e eficácia sacramental que dá aos atos religiosos, imprimindo neles um modo de subordinação ao sacerdócio de Cristo, o que para tais atos constitui realmente uma formalidade nova de inapreciável valor.

Examinando o próprio ato segundo do caráter, veremos que a parte que no efeito resultante cabe à causa instrumental ou segunda é o ato espiritual, como potência preparada para receber o influxo de Cristo, e a parte que cabe à causa principal é o mesmo ato enquanto cultual, sagrado, subordinado ao sacerdócio de Cristo.

Finalmente, o alvo visado pela potência do caráter é duplo: comunhão com os sacramentos divinos e realização de ações sagradas ou, em outros termos, o culto divino.

Este culto divino pode ser tomado ou como subjetivo ou objetivo.

A deputação conferida pelo caráter é para o culto objetivo que consta dos ritos litúrgicos (demonstração da fé) e os ritos paralitúrgicos como o apostolado, demonstração de fé pela conquista, pelo exemplo.

Por tudo isto, vê-se que o caráter é de fato uma participação do Sacerdócio de Cristo em todos os seus aspectos, embora participação somente, poder diminuído portanto. A relação que cada um deve possuir com o sacrifício será vista abaixo ao tratarmos do batismo e crisma.

Terminando, poderíamos dizer que no caráter encontramos aqueles quatros elementos essenciais que apontamos acima para a noção do Sacerdócio: uma consagração: a deputação essencial para o culto; uma mediação: pelas orações, preces e ritos litúrgicos, pelo apostolado e defesa e pelo oferecimento da Missa; um sacrifício: o sacerdócio de justiça e o batismal e crismal; um apostolado: de oração, de ensino, de ministério e regime.

b) O caráter do batismo

1. É nosso intuito e obrigação precisar agora os característicos do caráter batismal, a fim de vermos qual a relação que possui de fundamento para com o apostolado dos leigos.

O só conhecimento do Batismo em seus característicos como princípio operativo e elicitivo, em ato primo e segundo, em seus efeitos como consagração, e em sua relação com o sacrifício e com o apostolado, nos mostrará qual, de que maneira e até que ponto oferece ele fundamento para o apostolado dos leigos.

Sobre ser o caráter do batismo uma potência passiva ou ativa, ou passiva e ativa, nossa conclusão do que lemos em documentos do magistério, da Tradição, dos Santos Padres e Teólogos é a de que é potência passiva sob um aspecto e ativa sob outro.

Passiva em seu aspecto de consagração da pessoa que o recebe, ou em ato primo, sob seu aspecto estático de estabelecer o sujeito em uma determinada ordem hierárquica, que o torna assim capaz de progredir na recepção dos demais graus da hierarquia. Esta passividade, no Batismo, recebe ainda o realce pelo fato de ser o primeiro sacramento, a porta da vida cristã.

Ativa, porém, em seu aspecto de participação do sacerdócio, ou em ato segundo, sob o aspecto dinâmico de capitar o sujeito para uma série de ações que só do caráter batismal pode decorrer.

Passiva, enquanto uma realidade permanente que torna o batizado misteriosamente apto para receber influências sacerdotais de Cristo, preparando-o para colocar sua vontade sob a ação do agente principal; passiva, ainda, enquanto habilita o cristão para receber os outros sacramentos e seus efeitos que em sua validade dependem dele como de sua causa material.

Ativa, enquanto potência ordenada ao culto para a oferta da Eucaristia, enquanto poder de convivência cristã, de praticar a vida cristã, e participar de seus atos, enquanto direito de participar da unidade da Igreja e de se aproximar da mesa do Senhor.

2. Precisemos, pois, seus característicos, vendo-o em ato primo como Consagração.

Em geral, poderíamos dizer de três aspectos fundamentais nos efeitos do batismo: morte ao pecado em Cristo; união com Deus e amizade com a Trindade no Filho; outro Cristo para a glória do Pai e redenção do mundo.

Cremos, no entanto, que, com *Bover*, seguindo os ensinamentos principais de S. Paulo sobre o Batismo, poderíamos resumir todos os seus efeitos dentro das três metáforas preferidas do Apóstolo: a do enxerto, a da sepultura e a do Corpo.

Todas as três ensinam uma tríplice fase na transformação operada na alma do batizado: a amputação, a incorporação e o desenvolvimento.

Dentro destas três fases podemos colocar todas as explicações que a Escritura possui sobre os efeitos do batismo.

A metáfora do Enxerto, em sua fase de amputação, nos fala da cisão que faz o batismo entre cristãos, ramos viçosos, e pagãos, ramos estéreis. É a obra de libertação e salvação, de regeneração em Cristo. Antes, enxertados no velho Adão, depois do batismo, vivemos da videira de Cristo.

Incorporados em Cristo, pela graça cristiforme, com o sinal de cristandade, começa para nós a vocação em Cristo.

Unidos, então, a Cristo, como ramos em tronco, não só em sentido entitativo, mas também dinâmico, inicia-se para nós uma solidariedade funcional com Cristo que sublima nossa vida natural sem ferir a integridade e personalidade de nossa alma. Não uma união física que tira a subsistência das partes, mas coesão que conserva perfeita a personalidade de ambos.

Enxertados em Cristo, recebemos a comunicação de toda sua vida, participando então de sua paixão com todos os seus benéficos influxos de expiação, purificação, co-redenção, santificação e divinização.

E com Cristo vivendo em nós, nossa vida natural se coloca em função da vida divina, concretizando sempre mais nossa elevação sobrenatural pela graça da adoção, fazendo-nos saborear a grandeza de membros da família de Deus, de participantes da natureza divina, e construindo assim a cidade eterna de Deus em lugar da cidade da terra.

Na fase de desenvolvimento deste enxerto da vida de Cristo feito em nós, vemos como fundamento a oposição: se Cristo vive em nós, não podemos viver para o pecado, e como tendência natural de desabrochamento: a preocupação de nos revestir sempre mais dos costumes da Santíssima Trindade.

A idênticas conclusões chegaremos sobre os efeitos do batismo se o observarmos dentro da comparação da sepultura. Enquanto a do enxerto fala de separação e transplantação, a da sepultura fala de destruição.

O simbolismo da imersão na água batismal fala-nos bem ao vivo da realidade de uma ablução da alma ou da morte da alma para o pecado, à semelhança da morte de Cristo. A emersão por sua vez simbolizando a ressurreição de Cristo nos fala da realidade de uma vida nova para Deus.

Enfim, a metáfora do Corpo realça mais a união do batizado com o Corpo Místico, excluindo toda distinção social e fundamentando o igualitarismo cristão em que as diversas posições ocupadas por cada um estão em harmonia com o todo.

Em resumo, o batismo em ato primo reveste-se de dois aspectos: o de ordem psicológica, como consagração íntima a Cristo e como título positivo para todas as Suas graças; o de ordem social: a união com o Corpo Místico.

3. Se considerarmos a atividade própria do batismo em ato segundo, ou o exercício do caráter batismal como potência, vamos encontrar como seu característico mais típico o participar ativo de toda a vida cristã, dentro de seu âmbito de Corpo Místico.

Dizemos dentro de seu âmbito de Corpo Místico, porque nos parece que a atividade do caráter batismal se restringe a esta vida familiar da Comunhão dos Santos, a este funcionamento do Corpo Místico, a toda atividade, diríamos, *intra muros* da família de Deus, da Igreja. É o que se deduz das palavras de S. Paulo aos Coríntios sobre o Corpo Místico, sobre a atividade real de cada batizado, sobre a solicitude e interdependência de cada membro em relação aos outros e a todo o Corpo (1 Cor 12, 12-31). Neste texto não se nota uma referência sequer a uma atividade, a uma capacidade que se exerça em um âmbito além dos limites do Corpo Místico.

Terminando as considerações sobre o batismo, poderíamos resumir os característicos do caráter batismal dentro dos quatro constitutivos do sacerdócio que acima vimos da seguinte maneira:

— Como uma *consagração*, o batismo caracteriza-se por transformar uma alma pagã em um filho de Deus, e da Igreja, em um membro do Corpo Místico. Com isto lhe dá o poder de exercer, a seu modo, uma mediação, ou seja, por meio de suas orações, de sacrifícios espirituais que, marcados pelo caráter, têm um valor sagrado diante de Deus.

— Relacionado com a Missa, o batizado só poderá exercer esta sua mediação de um modo perfeito, dentro de sua condição de batizado, quando une sacramentalmente seus sacrifícios e preces às preces litúrgicas e ao Sacrifício da Eucaristia. Enfim, o apostolado a que está capacitado elicitamente para exercer, é o apostolado feito dentro do âmbito do Corpo Místico e não o apostolado além deste âmbito, como o apostolado de conquista e defesa, *contra hostes fidei*.

c) O caráter da crisma

Fazendo a distinção entre sacramentos consecratórios e medicinais, Scheeben[(20)] diz que os primeiros nos consagram a um destino sobrenatural e nos fazem ocupar um certo lugar permanente no Corpo Místico.

É por possuir um lugar permanente diverso, proveniente de um caráter diverso, uma finalidade especial, uma graça especial, e efeitos próprios que a Crisma deve distinguir-se essencialmente dos demais, não podendo ser somente um sacramento que aperfeiçoa e continua o Batismo, como veremos.

---

(20) *Die Mysterien des Christentums*, c. 7.

Contando com as incertezas de S. Tomás e de muitos tomistas sobre se a potência do caráter da Crisma é potência ativa ou passiva, aqui também cremos poder dizer que é uma e outra coisa, sob diversos aspectos. Enquanto caráter, participação, portanto, do sacerdócio de Cristo, deputação para ofícios especiais, potência para lutas espirituais contra os inimigos da fé, para confissão pública da fé, é uma potência ativa. Enquanto dispõe a alma para receber de um modo mais próximo a graça sacramental da confirmação e os socorros especiais para suportar injúrias próprias do ofício, é potência passiva, além da potência passiva do batismo.

Uma vez que nos interessa mais de perto a realidade conferida pela Crisma, em função de fundamento do apostolado dos leigos, examinemo-lo, mais detalhadamente, em seu duplo aspecto: ato primo e segundo, ou dentro dos elementos essenciais ao sacerdócio dos leigos: consagração, mediação, sacrifício e apostolado.

1. Em geral, pode-se apresentar como efeito consecratório da Crisma, considerada em ato primo, a maioridade e virilidade espiritual, por meio de uma unção mais profunda ou de uma maior participação na consagração de Cristo Sacerdote.

Pela Crisma é que realmente nos tornamos "cristãos", ungidos não só pelo óleo simbólico da matéria, mas também por uma unção substancialmente nova do Espírito Santo.

Para formarmos uma noção exata, em seu todo e em seus detalhes, sobre o característico da consagração da crisma, singularmente importante para nossa tese sobre fundamentos sacramentais do apostolado dos leigos, consideremo-la dentro do prisma da vida de Cristo e da Igreja.

Cristo, Sumo Sacerdote, possuindo em si, de maneira simplificada e unificada de Homem-Deus, um acervo enorme de riquezas, deixou em Sua vida traços bem nítidos que mostrariam claramente as divisões destas mesmas riquezas, em suas diversas participações futuras, a do Sumo Pontífice, a dos Bispos, a dos Sacerdotes e a dos Leigos.

Procuremos, pois, na vida de Nosso Senhor onde Ele deixou significada a participação dos fiéis em seu sacerdócio pela consagração da Crisma.

Baseando-nos em numerosos Santos Padres, podemos reconhecer, na vida de Cristo, três nascimentos bem distintos: o primeiro em Sua encarnação no seio de Maria Santíssima; o segundo em Seu batismo, para a vida pública; e o terceiro, em Sua ascensão, nascimento glorioso no céu.

Sobre o segundo nascimento, em Seu batismo, apoiados na própria Escritura, os Santos Padres afirmam ter havido uma verdadeira e nova unção do

Espírito Santo sobre a humanidade de Cristo, unção esta ordenada ao apostolado da vida pública. Até aquele momento, vivendo como pessoa privada mais que como Messias, Cristo, no dizer de S. Irineu, por uma nova unção sacerdotal e real, marcou com a descida do Espírito Santo, após seu batismo, o início da pregação de um Novo Reino. S. Cirilo de Jerusalém afirma que idêntica ordem devemos nós observar em nossa vida, antes de pregarmos o Evangelho e fazermos apostolado: devemos esperar a unção da Crisma.

Também na vida da Igreja, em sua qualidade de Militante nesta terra, encontramos um duplo nascimento: o primeiro na Paixão do Coração transpassado de Jesus, o segundo na Unção de Pentecostes.

Com Cristo, também a Igreja teve vida oculta sob a proteção de Maria[21], até o dia de Pentecostes.

O Catecismo do Concílio de Trento diz: "Se os Pastores quiserem mostrar a divina eficácia deste Sacramento — o que sem dúvida fará grande impressão no ânimo dos fiéis — basta que lhes exponham tudo quanto sucedeu aos apóstolos."

Se atendermos ao Pentecostes, encontraremos todos os efeitos típicos da Confirmação em nossa alma como de fato afirma o Decreto *pro Armenis* do Concílio de Florença (DB 697).

Assim, pois, encontramos nos fiéis, leigos, este duplo nascimento: pelo batismo para o sacerdócio real de Jesus e pela Crisma para a ação apostólica e luta contra o reino do demônio.

Santos Padres em toda a Tradição, o pensamento do magistério em suas definições e o sentir da Igreja em seus textos litúrgicos das cerimônias da Crisma nos falam de um duplo efeito: tornamo-nos "perfeitos cristãos" e tornamo-nos instrumentos úteis nas mãos de Deus, como lutadores.

Esta "perfeição" que nos confere a Crisma, e que supera de muito os efeitos do Batismo, é explicada pela Tradição como uma infusão especial dos dons do Espírito Santo.

Esta presença dos dons do Espírito Santo na alma do crismado deve ser corretamente entendida, uma vez que o batismo, colocando na alma cristã a graça divina, traz com ela as virtudes e os frutos; a Crisma, porém, é um título novo, a mais do batismo, para a obtenção das graças atuais necessárias para a luta e que nos vêm pelos dons.

---

(21) S. Tomás, Opúsc. XXXV; S. Boaventura, in *III Sent.*, d. 3, p. 1, a. 2, q. 3, conclus. 2.

A atividade dos dons distingue-se da atividade das virtudes não pelo objeto, mas pelo seu modo deiforme de agir, havendo neles ou nas ações perfeitas do crismado maior iniciativa e direção de Deus e resultando desta atividade não mais uma vida divina, vivida de um modo humano (virtudes), mas uma vida divina vivida também de um modo deiforme.

Tal consagração de "perfeitos" resultante da crisma patenteia-se como necessária diante da grandeza de nossa vocação em Cristo, diante dos obstáculos inimigos que reclamam um socorro pessoal de Deus por intuições decisivas e um modo quase supra-humano de ação.

Vê-se uma ordenação, um sentido especial nesta "perfeição": ordena-se ela para a luta do apostolado de anunciar o nome de Cristo, ou é a virtude da força ordenada para o duplo aspecto do espírito de conquista e espírito de sacrifício até o martírio.

2. O exercício em ato segundo do caráter da Crisma é o ato de defesa da fé. Esta defesa da fé feita sob os impulsos do caráter, princípio operativo elicitivo, é diversa da defesa da fé feita pela virtude da fé, trazida pela graça santificante pelo batismo. Leonel Audet diz-nos: "Em outros termos, confessar a fé 'habitualiter' e como causa principal, eis o ato da virtude da fé; confessar esta mesma fé, pelo ofício, 'ministerialiter' e 'sacramentaliter', tal é o ato da potência crismal."[22] No primeiro caso, o homem é causa principal, no segundo, instrumental.

Conveniência de um caráter especial para tal função é a importância da missão social e não somente privada do crismado. Com este título novo, o crismado recebe encargo e as graças para a vitória sobre as dificuldades da época correspondente.

O cunho de milícia, que luta arduamente contra inimigos da fé na batalha do apostolado, é, pois, o cunho característico do exercício do caráter crismal.

Um apostolado, pois, diverso do apostolado que vimos convir ao batizado, pois é um apostolado desenvolvido para além das fronteiras do Corpo Místico, contra hostes fidei, e realizado sob o signo do "árduo" que, por sua vez, explica e exige "a perfeição" recebida pela consagração crismal. A estes pontos determinantes da atividade do crismado acresce ainda o de ser, dentro do apostolado dos leigos, o apostolado oficial.[23] Claríssima explicação a do

---

(22) AUDET, Leonel, Notre Participation au Sacerdoce du Chist, em Laval Théologique et Philosophique, vol. I, n. 1-2, p. 66.
(23) S. Tomás, Summa Theol., III, 72, 5, ad 2: "Confirmatus accipit potestatem publice fidem Christi Verbis profitendi, quasi ex officio"; Pio XI ao Cardeal de Lisboa, 10 de Novembro de 1933.

Pe. *Audet:* "O batizado evidentemente recebeu, também ele, o poder de professar sua fé, o que aliás faz geralmente por uma vida cristã e pela aproximação dos sacramentos; em caso de necessidade, também ele é chamado a dar testemunho aberto de sua fé em Cristo; mas o caráter crismal confere o poder oficial de defesa e de profissão pública desta mesma fé em face dos inimigos visíveis do Corpo Místico de Cristo. Quando o inimigo assalta uma cidade, todo o cidadão tem o poder, em caso de necessidade, de pegar em armas para defender a pátria; no entanto, somente o soldado alistado na *milícia* tem *oficialmente* o poder *habitual* de proteger a cidade e de afastar o inimigo."[24]

Ao batizado, diz S. Tomás, falta a participação exterior nas lutas da comunidade cristã.[25]

E ao crismado, acrescentamos, consagrado para a milícia, cabe a responsabilidade pela salvação dos irmãos e o trabalho pela redenção do mundo; para tal, recebem dons que permitem convencer, mover e atrair almas a Deus. Aqui bem a propósito vem aquela distinção de S. Tomás, dizendo-nos que ao batizado cabe a luta contra os *hostes invisibiles* (como são as tentações contrárias à vida cristã), enquanto ao crismado cabe a luta contra os *hostes visibiles*.

Este conquistar de almas dá o cunho sacerdotal e mesmo sacrifical ao caráter da Crisma, dado que conquistar almas é uma oblação sacerdotal agradável a Deus, e ser apóstolo é ter um título de sacrificador, pois faz morrer as almas ao mundo, imola-as a Deus e une os seus esforços de sacrifícios a esta oferta. É o que nos ensinam S. Paulo, S. Ambrósio e Pio XI ao nos dizerem da missão sacerdotal de submeter as inteligências a Deus e ao seu Cristo.

Sua relação com o Sacrifício, pois, é esta de uma participação mais profunda nos sofrimentos de Cristo (a cerimônia da tapa lhe recorda isto) e a propagação maior do número de participantes deste sacrifício, por meio do apostolado.

4. Relação dos fundamentos sacramentais com o apostolado dos leigos

Baseados no estudo dos caracteres sacramentais do Batismo e da Crisma, formalmente diversos um do outro, como potências distintas que são, chegamos a postular a existência de dois objetos distintos para o exercício de cada um deles: para o Batismo um apostolado que diríamos "caseiro" ou de "desabrochamento da vida cristã", dentro do âmbito do Corpo Místico,

---

(24) AUDET, Leonel. *Op. cit.*, p. 64.
(25) S. Tomás, *S. Theol.*, III, 72, a. 2.

dentro da família dos "filhos de Deus". Esta atividade própria do batizado, cremos, se enquadra perfeitamente naquela divisão das várias espécies de apostolado que ao início apresentamos quando deixávamos a palavra do Cardeal *Caggiano* nos falar de um apostolado individual e de um apostolado coletivo, e neste coletivo as várias formas diversas, ou seja, aquelas "recomendadas e aprovadas", cujo apostolado não possui caráter público, mas privado, e aquelas erigidas, "pessoas jurídicas", cujo apostolado é público.

Para o apostolado individual e para o apostolado coletivo sem caráter público, cremos convir plenamente o que vimos sobre os fundamentos do batismo. A espécie de apostolado próprio do batismo seria, pois, o apostolado individual, sem dúvida, e o apostolado coletivo, em sua forma de privado, como antes vimos. Desta forma, pois, de apostolado o batismo é princípio operativo elicitivo.

Para a crisma conviria um apostolado cujos distintivos são os seguintes: de defesa da fé e de conquista, portanto dirigido para além dos participantes do Corpo Místico, além dos limites da Comunhão dos Santos, logo, *contra hostes fidei*, ou seja, um apostolado que exige o adestramento, o treinamento de "perfeitos cristãos"; apostolado "quase *ex officio*" proveniente de sua qualidade de soldados, apostolado que inclui "luta".

Esta luta *contra hostes fidei* pode ser orientada tanto contra pagãos como contra cristãos paganizados ou por uma ignorância crassa, ou por má vontade, ou por preconceitos, ou por maus hábitos e vícios. Algo, pois, que inclua necessariamente o elemento conquista ou defesa em face de um inimigo.

Ora, recordando as declarações da Igreja sobre formas de apostolado, vemos uma perfeita adequação entre este exercício da potência crismal e o apostolado que possui a forma de público, principalmente a forma dita nobilíssima, do apostolado "oficial" dos leigos, a Ação Católica como tal instituída pelos Pontífices para a recristianização do mundo novamente paganizado. Podemos, pois, afirmar que a Crisma é o princípio elicitivo de todo apostolado que se reveste dos característicos acima anotados; logo, da Ação Católica como tal.

Ambas as afirmações, tanto para o batismo como para a crisma, estão apoiadas no fato de podermos encontrar um princípio especial de ação, um objeto especial e uma finalidade especial tanto para o batismo como para a crisma.

Para o batismo, a potência do caráter batismal que consagra o batizado como filho de Deus com a finalidade típica e limitada da vida cristã, dentro da família do Corpo Místico e com o objeto especial do que se refere à graça santificante.

Para a crisma, a potência especial de um caráter distinto do caráter batismal, que consagra o crismado como soldado de Cristo com a finalidade da defesa e conquista e com o objetivo especial dos "inimigos de Deus", como dissemos, "inimigos visíveis".

Dizer que a Crisma somente fornece os meios e a força para o batizado realizar a ação apostólica, porque faz parte do Corpo Místico, é esquecer-se de que a Crisma, conferindo um caráter, com isto tem de ser entendido como um princípio de ação distinto, como uma deputação especial ao culto para alguma coisa no sacerdócio dos fiéis. Forças e meios para realização do apostolado devemos procurar no sacramento da Eucaristia, cuja especialidade é alimentar e fornecer transitoriamente, sem conferir título permanente como o caráter, dando graças atuais mais abundantes.

Conseqüência de tais afirmações seria a questão sobre a obrigação de o Crismado entrar na Ação Católica em qualquer de suas formas, ou sobre a obrigação de o militante da AC ser ou não ser crismado.

A tais perguntas responderíamos dizendo que "nem todo crismado está obrigado a entrar na AC, pelo menos por uma obrigação individual sob pecado, mas todo militante está obrigado a ser crismado".

Em tal afirmação não há contradição, pois podemos comparar tais obrigações com o seguinte: pelo fato de alguém possuir carteira de motorista, que lhe dá direito a guiar automóvel, não segue que esteja obrigado a de fato guiar automóvel; vice-versa, porém, não se dá o mesmo, pois se alguém quer guiar automóvel deve possuir a carteira de motorista, porquanto neste caso ela é exigida pela lei, é demonstração de sua capacidade.

Assim também Deus teria feito algo inútil se, havendo instituído a Crisma especialmente para um ofício de apostolado de leigos, todos aqueles que ingressem naquele apostolado, que a Igreja denominou "o apostolado oficial dos leigos", não tivessem necessidade de receber a Crisma.

Enfim, já vimos por experiência em várias dioceses, sedes mesmo de Principados Cardinalícios, como São Paulo, que há até a praxe de se pedir dispensa especial para algum não-crismado fazer seu compromisso de militante.

O Comunitarismo

A Pessoa Humana já foi considerada por *Duns Scotus*, e anteriormente ressaltado por nós, como UM SER PARA O OUTRO (*Esse ad alium*). Isto por vários motivos.

Primeiramente como seres finitos que somos, criaturas assim feitas pelo Criador, não temos em nós tudo aquilo de que necessitamos; nós precisamos uns dos outros.

Um outro motivo é que, além de sermos finitos, o Criador nos fez sexuados, quer dizer, cortados, seccionados, o masculino precisando se complementar com o feminino e vice-versa para atingir a sua unidade.

Em nós, humanos, portanto, o comum é essencial e necessário ao pessoal. E é em vários níveis que este aspecto comunitário se realiza.

O primeiro ambiente da vida em comum é a família. E como o próprio nome "família" está sugerindo (*famulus* em latim quer dizer "escravo, servo"), todos em um lar são escravos uns dos outros por amor. Em uma família numerosa, com muitos filhos, os irmãos e irmãs são bastante diferentes uns dos outros e por isto o enriquecimento mútuo é muito maior. É muito difícil, ou muito mais difícil, educar filho único ou um casal somente do que educar muitos filhos. É só deixá-los entre si que eles aos poucos se vão entendendo, se perdoando, se ajudando mutuamente. Conheci um casal que saía comigo para reunião de casais e deixava os seus sete filhos em casa, e eles, com idades diferentes, se entendiam e assim se educavam. Quando estão em casa os irmãos se complementam, largando aos poucos, e "no tapa", os seus egoísmos pessoais, e assim, em um outro nível acima, tais pessoas demonstrarão espírito comunitário.

Em um outro nível, também importantíssimo, na escola, o espírito comunitário tem oportunidade e obrigação de se desenvolver. Principalmente quando, desde o "jardim da infância", professores e educadores aproveitam do ambiente para desenvolver o espírito de doação e de respeito mútuo. À medida que o nível escolar sobe para o colégio e para a universidade, e que deveria ser mais propício para o espírito comunitário, a nós nos parece que, de fato, se tornam mais individualistas, com pessoas vivendo em linhas paralelas, cada qual só interessado em "receber um diploma". As universidades católicas têm feito elogioso esforço em superar tal individualismo, promovendo vários eventos em que os universitários se unem, ora em formação de grupos teatrais, ora em grupos de atuação social entre favelados e pobres, ora na realização de Semanas Sociais em que temas são estudados e expostos em comum ao público.

Campo decisivo para o comunitarismo cristão é o campo da empresa, em que a ação que mais revela a pessoa humana, o trabalho, é realizado em comum. Acabar com a desnaturada "luta de classes", origem e motivação dos dois extremos do Comunismo falido e do Capitalismo assassino — eis a missão sempre atual do operário e do empresário católicos. Dessa forma, é na empresa que tanto os egoísmos se exacerbam, como também na empresa é que o Evangelho pode ter o seu melhor testemunho de justiça e de caridade. Acabar com as "classes" e fazer do "mundo do trabalho" o mundo comunitário por excelência — eis o Grande ideal que levou o Papa João Paulo II a escrever a sua importantíssima Encíclica sobre o Trabalho Humano, a *Laborem Exercens*. Não foi por outro motivo que JESUS até os seus 30 anos foi carpinteiro, marceneiro, construtor em Nazaré. ELE sabia que, transformando o trabalho em verdadeira oração e campo de santificação, Ele estaria atingindo o eixo da história e "a causa essencial de todos os problemas sociais", no dizer de João Paulo II. O mundo da empresa é o ponto decisivo em que o cristão pode e deve dar o maior testemunho de fraternismo comunitário.

Se nas empresas de trabalho se vive tal espírito comunitário, teremos tudo para que, no nível social, tenhamos uma sociedade justa e em paz.

A sociedade é o fruto e o resultado da soma das comunidades. Daí a grande responsabilidade dos governos municipais em legislar normas jurídicas que garantam tal convivência fraternal entre as "classes" ou entre os vários "mundos".

E é nesse campo social que atuam os políticos de quem acima já falamos. Políticos que defendam "com unhas e dentes" a justiça; políticos católicos que tendo em suas mãos o poder de aplicar a Doutrina Social Católica, constituirão o que de mais valioso se pode esperar para nosso mundo conturbado com tantas teorias materialistas e interesseiras que transformam a política em algo hoje tão merecedor de desconfiança. É urgente e necessário purificar-se a política, fazendo-a servidora do bem público e não servidora do povo.

Quando é que uma nação inteira vai sentir que seus habitantes vivem a convicção de serem todos irmãos? Será que a cultura popular constitui um laço para tal fraternismo? Será que a história de cada estado do Brasil, por exemplo, fará os seus cidadãos se unirem acima das diferenças pessoais, familiares, sociais, econômicas e políticas?

Que sonho maravilhoso a gente ter a esperança de um fraternismo cheio de justiça, paz, ajuda mútua, perdão e compreensão entre todos os habitantes de uma cidade, de um estado, de um país e de toda a humanidade. Este foi, é, e será sempre, o objetivo ideal que JESUS desejou e deseja e nos diz ser possível se confiados e apoiados em Sua graça e seus evangelhos.

Qual é o empecilho para tal vida comunitária e solidária?

Paul Sartre, célebre escritor francês, dizia, com agressividade: "O inferno? O inferno são os outros!!!" Em seu ateísmo ele só poderia explicar assim a dificuldade real da convivência humana.

Mas... um outro, santificado pela graça do batismo, que nos torna irmãos, *São João Berchmans*, jesuíta, dizia: "Minha maior penitência é a vida em comum!!"

Um fala de "inferno" como algo totalmente negativo e do qual não há saída. O outro fala de "penitência", que é algo que purifica, santifica e é a saída da miséria do pecado.

Ambos apontam a grande dificuldade da prática do comunitarismo. E por quê? Qual a causa desta dificuldade? É a falta do realismo da humildade, é a falsidade enganosa do orgulho egoísta. Quem vive a realidade de sua pequenez e de suas limitações de criatura; quem vive a humildade de coração do verdadeiro cristão, sabe, com simplicidade, viver como comunitário, sem perder ou renunciar às suas qualidades e vocação própria, recebendo dos outros aquilo que estes outros possuem para lhe dar.

"Se não vos tornardes como crianças, não entrareis no reino dos céus", disse JESUS. E ser "como criança" é ser inocente, sem querer aproveitar dos outros.

O perfeito cristão é comunitário. E só é perfeito comunitário o verdadeiro cristão.

O Crucificado

Só mesmo o infinito e incompreensível Amor de um DEUS pelas suas criaturas humanas pode explicar a morte de JESUS na CRUZ!!

A humanidade é toda sofredora. Ninguém dentre os humanos escapa da dor.

Desde o parto, já nascemos chorando e causando enorme sofrimento a nossas mães. Até o nosso fim, a morte, que deveria ser uma passagem feliz para verdadeira vida e felicidade, é cercada de angústias e de dor.

E, apesar de este sofrimento ser "o pão nosso de cada dia", nós não nos acostumamos com ele, nem dele temos explicações suficientemente racionais.

Metade das ciências antigas e moderníssimas dedica suas pesquisas para minorar o sofrimento humano, e, no entanto, à medida que o homem consegue superar alguma doença grave, outras novas surgem mais ameaçadoras ainda.

Trabalho insano e meritório este da medicina com todas as suas inumeráveis especializações; esforço ingente dos psicólogos, psicanalistas e psiquiatras para fortalecerem o ânimo dos sofredores; invenções sempre novas e mais ousadas de diversões para desviar o rumo do pensamento para a alegria; pintores, escultores, cantores, músicos, artistas das mais variadas espécies, enchem nossos sentidos do belo, da satisfação, mas nada consegue colocar totalmente o ser humano fora do alcance do sofrimento.

E o mais estranho em tudo isto é que nós criaturas fomos criados pelo Criador para a alegria, para a felicidade, para a paz e satisfação!!!

De onde vem, então, esta contradição? Entre o fato real, doloroso, e o objetivo mais radical de nosso ser, a felicidade?

Este contraste, e até mesmo este conflito, constitui algo inexplicável pela razão humana... É, portanto, um mistério!!!

E **mistério** é algo que, superando o nosso entendimento e contrariando a nossa vontade e liberdade, indica e aponta com o dedo voltado para o sobrenatural.

Infelizes, desgraçados mesmo, seríamos se DEUS nos tivesse deixado somente dentro de um plano e de um nível natural!!!

Criaturas finitas e limitadas jamais suportaríamos com dignidade e com proveito os sofrimentos; caminharíamos para o suicídio desesperado, se DEUS que é PAI já não tivesse em mente desde o início um plano primitivo, jamais abandonado por ELE, de nos destinar a uma elevação ao sobrenatural. Repetimos: o homem não se explica, não se justifica, não se salva, somente por si. E é o sofrimento o momento mais oportuno para que o homem aprenda esta verdade. Geralmente, o fato de o homem não entender nem aceitar o sofrimento tem como causa o seu orgulho, sua falsa auto-suficiência. Atualmente, para a criatura humana aceitar a sua limitação, a sua fraqueza, a sua incapacidade, e viver na verdade da humildade, ela tem de "cair do cavalo" de seu orgulho mentiroso. A humilhação que o sofrimento traz ao ser humano é o caminho para a humildade... "A verdade nos libertará", diz-nos São Paulo, que "caiu do cavalo" em sua ida para Damasco para depois nos dizer também: "Quando eu sou fraco, então é que sou forte", pois "a virtude divina se realiza na fragilidade humana".

Nem basta este reconhecimento de nossa limitação diante de tudo e diante do sofrimento. É-nos necessário a graça divina da nossa filiação em JESUS. Só a nossa elevação à participação real e total da vida divina, pela graça, é que nos fará superar a dor, ou melhor, transformar o sofrimento em riqueza de valor inestimável.

Somente a fé em CRISTO nos dará a inteligência divina de viver o mistério da dor com dignidade e com dimensão de eternidade; somente a esperança nos conforta com energia divina no momento do sofrimento; somente caridade nos fará unidos ao amor divino.

Muito antes de nós, JESUS já nos deu testemunho e ensinamento sobre como transformar o mistério doloroso em mistério glorioso.

Quais, então, as razões que levaram o Filho de DEUS encarnado em JESUS escolher livremente a morte numa cruz?

Para penetrarmos em tais razões, temos de considerar vários fatores. Primeiramente, a INFINIDADE DE DEUS. Somente diante do abismo insondável do infinito amor de DEUS, da sua Majestade, da Sua Bondade, da Sua Onipotência e Sabedoria é que viveremos o mistério de nossa dependência em relação a DEUS, de Sua Presença em nós, fazendo-nos existir diante do abismo do nada.

É contemplando, das bordas deste abismo, o fundo do Coração de DEUS, que iremos nos espantar e nos extasiar diante da maldade de nossa ofensa a ELE pelo pecado.

De um lado, o mistério horroroso de nós, criaturas, podermos ofendê-LO com o pecado; e de outro, a misericórdia divina que "deixa as 99 ovelhas no aprisco para correr atrás de uma ovelha desgarrada". "Eu não vim para os justos, mas para os pecadores que precisam de misericórdia."

Misericórdia — *miseris cor dare* = "dar o coração aos miseráveis" — eis o mistério que nos deve comover e nos levar a não pecarmos nem de leve e a recebermos os sofrimentos em nossa vida como uma participação da PAIXÃO de JESUS que nos remiu do pecado e do inferno.

Por gratidão filial ao Amor infinito de um DEUS que é nosso PAI e que por nós quis refazer o Seu plano primitivo de justiça e paz do CRISTO REI, primogênito de toda a criatura; por gratidão e amor de imitação de JESUS que ofereceu a Sua humanidade para nos levar pela graça ao PAI, nós todos devemos valorizar o sofrimento, transformando-o em riqueza de salvação nossa e de muitos outros.

É aqui que se nos apresenta o valor da dor para conquista de almas que ainda não conhecem JESUS.

O nosso apostolado e evangelização, se não for regado pelo sangue do sofrimento, não resistirá aos empecilhos do mundo moderno ateu e materialista.

Vencer as conquistas modernas da tecnologia, transformadas em instrumentos do orgulho humano e dominando os semelhantes pela tecnocracia de ambição econômica e política, supõe em nós a decisão e a coragem de sofrer oposições e de lutarmos com a Cruz de CRISTO nas mãos e na nossa vida.

Peçamos a MARIA SANTÍSSIMA, que aos pés da Cruz se imolou também por nós, que saibamos morrer na cruz para ressuscitarmos na humanidade o amor de DEUS e dos irmãos.

Diferentes, mas Irmãos

Existe no coração de todos os homens um desejo natural de "fraternidade Universal". É natural tal desejo, mas a realidade da história dos homens mostra que o que acontece é o contrário: as desavenças, as inimizades, as guerras, os ódios, as lutas de morte estão presentes em todos os setores humanos, desde o ocidente contra o oriente, desde os pobres contra os ricos, desde o povo contra os governos, desde uma religião contra outra, desde os filhos contra os pais e as esposas contra os maridos, até dentro de um convento... Por que esta contradição entre um desejo tão entranhado no coração humano e a realidade da vida? Será uma mentira que o homem carrega em si ou existe algum empecilho que torne impossível a realização de tal desejo?

Nós cristãos temos a resposta de que tudo que é natural no ser humano está decaído e infeccionado pelo pecado original que torna a nossa natureza humana uma contradição interna insuperável pelas nossas forças e "boas vontades".

Todos os humanos são criaturas do mesmo Criador... E isto nos faz ter algo de comum entre todos nós. Mas este "algo comum" de criaturas vindas da mesma fonte não é suficiente para, na prática, nos unirmos pacífica e profundamente.

Para vivermos a fraternidade, temos de ser "irmãos" e não somente "criaturas". E para sermos "irmãos", temos de ter um mesmo PAI e não só um criador. Em caso contrário, nós seríamos irmãos de um macaco, de uma cobra, de uma árvore, de uma pedra, de uma lua, pois todos estes seres também são criaturas feitas pelo mesmo Criador. E nenhum de nós gostaria de ser chamado "filhos de uma égua ou de uma mula", pois são de natureza animal e não de natureza humana, embora todos sejamos criados pelo mesmo criador.

Com isto se vê que fraternidade universal ficará sendo eternamente um sonho irrealizável se não descobrirmos a fonte de uma Paternidade comum.

E como entre Pai e Filho deve haver a mesma natureza, também entre nós homens para sermos irmãos se faz necessária a mesma natureza do Pai comum. E quem nos trouxe a possibilidade de termos a participação real e total da natureza e da vida divina do DEUS infinito, criador de todos nós e que quis ser PAI de muitos "filhos", foi JESUS CRISTO ETERNO do DEUS PAI infinito ao encarnar-se e assumir a natureza humana.

Somente se voltarmos a participar do Plano Primitivo de DEUS, que fez de JESUS o "primogênito de todas as criaturas e no qual, para o qual e pelo qual tudo foi feito" é que poderemos desfrutar da qualidade de "filhos de DEUS" que nos torna então "irmãos". A Encarnação do VERBO, FILHO DE DEUS em JESUS CRISTO, é que nos trouxe a única, verdadeira e possível fraternidade.

Se "ninguém chega ao PAI, a não ser POR MIM", como disse JESUS, nenhum de nós chega a ser "irmão" se não recebe a qualidade de "filho de DEUS". Somente o sobrenatural da graça do batismo, conseguirá fazer o "natural fraternismo" ser uma realidade, porque só CRISTO elimina o pecado original e só ELE nos eleva à natureza e vida divina. O "natural" não se explica, não se justifica, não se sustenta por si mesmo.

Jamais DEUS deixou a humanidade somente em seu plano natural. Adão e Eva receberam de DEUS os quatro dons preternaturais da imortalidade, da ciência infusa, da harmonia interior e da impassibilidade. E, apesar disto, se deixaram seduzir pelo orgulho de quererem "ser como deuses", confiados em si próprios, e acabaram caindo numa situação "abaixo da natural", de uma natureza decaída. Para retirar as suas criaturas desta situação e fazer a humanidade retornar ao plano primitivo de "filhos de DEUS, é que Cristo, que já viria trazendo em Si a divindade a ser participada por nós, Ele que para isto viria como REI GLORIOSO, veio como REI PADECENTE, morrendo numa Cruz para nos elevar à qualidade de "filhos" participantes da natureza e da vida divinas. Esta elevação conquistada para nós pelo Redentor nos elevou acima do nível em que estiveram Adão e Eva. CRISTO nos deu pela graça santificante a inteligência divina pelo Dom da FÉ, a Sua força divina pelo Dom da Esperança e seu amor divino pelo Dom da Caridade.

EM CRISTO, somente NELE somos "filhos" e por isto somente NELE seremos "irmãos".

A Fraternidade Universal só se realizará de fato, na vivência concreta, se a humanidade se deixar elevar ao sobrenatural pela graça do cristianismo.

Este Plano Divino é indestrutível e irreformável; é universal para toda a humanidade. Não podemos "vender barato" a verdade do Cristianismo num "ecumenismo" tão elástico que afirme que "todas as religiões são boas".

Agora que sabemos o que é SER FILHOS E IRMÃOS, perguntemo-nos como VIVEREMOS como "filhos de DEUS e irmãos EM CRISTO". Entre nós, mesmos cristãos, como viveremos esta nossa fraternidade?

Se cairmos no "naturalismo", jamais a viveremos. Se for só na base da simpatia, na base de interesses comuns de ordem econômica, social e política, iremos presenciar o descalabro dos ressentimentos humanos, que hoje ameaçam abreviar o "Fim do Mundo".

Mas se nos apoiarmos nas inspirações do Espírito Santo, se possuirmos critérios de fé nos mistérios para julgarmos os fatos e as pessoas, se tivermos a motivação da caridade divina para servirmos e não procurarmos ser servidos, para perdoarmos ofensas e inimizades, para nos dedicarmos a alguma causa cristã ou a um carisma próprio, então sim daremos testemunho de fraternidade.

Fraternidade esta que tem a humildade de ver e de aceitar as diferenças da diversidade de pessoas e dons, e descobrir o caminho da complementaridade a fim de alcançarmos a unidade de coração e de vida.

O Dom que DEUS dá a alguém deve servir para aquele que não o tem. Os dons são diversos para se completarem mutuamente. Isto será sempre fruto da verdade, da humildade e da doação da caridade.

Fraternidade cristã que eleva o nosso personalismo em CRISTO a viver em comunidade. E somente após este Comunitarismo cristão é que viveremos o Solidarismo, que é a solidariedade, a união de forças das comunidades. Isto demonstrará o fraternismo cristão.

Enfim, depois de vivermos como "filhos" e como "irmãos", é que seremos os "apóstolos", os evangelizadores da humanidade.

Apostolado sem a filiação divina e a fraternidade em Cristo vira agitação social que cairá no naturalismo.

Em todas estas etapas da vivência da fraternidade cristã, o caminho está marcado com o sacrifício dos egoísmos e orgulhos: é o Caminho de JESUS Crucificado.

A filiação divina nós a manteremos pela oração, pela contemplação, pelo silêncio embevecido diante da grandeza e beleza de DEUS e de JESUS. Há de ser nesta vivência de fé que nossas comunidades trarão ao mundo a fraternidade universal.

DIFERENTES, MAS IRMÃOS!!!

Oração a Jesus

Ó JESUS, Verbo Eterno do Pai, Filho de Deus que se fez homem, gerado pelo Espírito Santo no seio da Santíssima Virgem Maria, nascido numa gruta de Belém, tendo como pai adotivo São José.

— Vós, como carpinteiro, vivestes 30 anos na pequena e desconhecida Nazaré;

— Vós que, manso e humilde de Coração, ensinastes a Palavra Divina do Evangelho do amor ao Pai e aos irmãos;

— Vós que lavastes os pés dos vossos apóstolos e nos destes o vosso corpo, sangue e alma no pão e no vinho da Eucaristia;

— Vós que morrestes crucificado por nosso amor e manifestastes vossa divindade ressuscitando ao terceiro dia e subindo aos céus à direita do Pai;

— Vós que enviastes o Espírito Santo aos vossos filhos no dia de Pentecostes e que estais presente em vosso corpo místico na Igreja Católica;

ESCUTAI A NOSSA PRECE:

— Por intercessão de vossa Mãe Maria Santíssima, dai-nos a força de vossa caridade, a garantia de vossa esperança e a luz da fé em vós para que nossa vida de Cristãos seja um testemunho de vossa presença entre nós e um ato contínuo de glória à Santíssima Trindade.

ASSIM SEJA!

O Sacerdote Missionário

(Para Frei Luís, pelo seu 38º aniversário de ordenação)

O bronze da matriz do Pilar
da torre que fica do lado direito
não parava de tocar.
Tocava festivo e insistente
para a todos convocar,
para a Missa da Meia-Noite
que o frade ia celebrar.

"Posso dizer: Estou pronto
para me dar ao que vier
posso errar, mas não por medo
de me ser no que fizer."

Os sinos dobravam sem parar,
chamando o povo à oração
a igreja cheia de gente
que fazia a preparação,
para a Missa tão esperada,
para a 1ª Missa do irmão.
O sino da igreja badalava
naquela noite sem igual
e de hora em hora tocava
na vigília de Natal,
e, também, anunciava
com sonoridade e alegria
ao padre que se ordenava
e a muitos pregaria
o Evangelho, que amava,
e que nele viveria.

"A palavra leva o homem
a exprimir sua existência
no ser que ouve, vê e conhece
no poder da convivência,
que imagina e espera
com tamanha paciência,
que se alegra, sofre e se expressa
com profunda consciência."

E o sino da torre dobrava,
dobrava o bronze da igreja
naquela noite que dourava
a família ouropretana,
e os corações iluminava
na oração franciscana.

O sino dobrava e repicava
muito festivo e insistente,
na escura noite soava,
convidando, insistentemente,
para a bonita Missa do Galo,
missa que era um presente.
Mais insistente do que festiva
seria, também, a vida
daquele irmão franciscano,
que estava de partida.
Insistente na caminhada
em Deus, sempre festiva.
Mais festiva que insistente,
porque em Deus muito ativa,
porque em Deus persistente.

> "Não vai sozinho, outros chegarão.
> Mas vai sabendo: são poucos
> os que vão seguir seguros
> do desamparo do chão.
> A trilha é longa
> vai levar tempo pra chegar.
> Mas persevera vigilante,
> o campo verde vai ficar."

No altar daquela igreja
o frade ia celebrar
a Santa Primeira Missa
para a Deus glorificar.
Vestido todo de gala
ele ia se estrear
e naquela Missa do Galo
à igreja se entregar.

"O campo verde vai ficar!
No campo escuro do mundo
ele avança devagar.
E quem vai com ele,
levando além da Ciência
Amor, Fé e Paciência."

Os pés quase descalços
e a cabeça encoberta,
arrebatado o coração
e o espírito bem liberto.

Olhos, ouvidos, boca e nariz
para o mundo descobertos.
Pensamento e sentidos
para o homem estão despertos.
E para o alto pretendido
todo espírito está certo.

> "A verdade é a luz pequena
> ardendo na escuridão.
> Da terra ela nasce e cresce de vida
> na tua mão.
> Quem a encontra, gasta um rio de palavras
> e inaugura a construção.

Na sua roupa de gala
caía da sua cintura
o cordão branco que cingia
os votos da criatura.
A pobreza do Evangelho
e uma vida Simples e Pura,
e de Deus a doçura,
a Fé, a Esperança e a Caridade.
Que bela e santa mistura!

No momento da Palavra
o sino ainda insistia
lembrando a cada pessoa
a Promessa que trazia,
a rota da esperança
inaugurada naquele dia.

> "Vai demorar. Mas aprendo devagarinho a chegar.
> Como dói saber amar.
> Água do tempo escorrendo,
> na madrugada de estrelas
> a gente vai se encontrar."

Na mística do Evangelho,
patrões e operários,
a gente vai se encontrar!
pais e filhos missionários!

No Cristo misericordioso
a gente vai se encontrar,
leigos e religiosos,
alunos e professores,
homens e mulheres,
empregados e empregadores,
presenças muito reais,
todos eles semeadores
e de Deus na terra, sinais.

O sino recomeça a tocar
naquele momento da Missa
em que o frade vai ofertar
a Justiça e a Verdade
que vai evangelizar,
respeitando a Liberdade
que se há de conquistar.
Na coragem e na caridade
é que se há de salvar
vendo, julgando e agindo
no que se vai renovar,
revendo e refletindo
a ação de transformar.

"Quem me pode responder
que sabe ser, sendo inteiro,
fiel e simples,
sempre a tudo que faz
e não quer fazer.
A vontade de Deus é que traz
a coragem da luta, que um dia vai nascer."

O sino soa festivo
no momento da comunhão,
recolhendo os fiéis
para a feliz união.
O que em Deus se almeja
é a vida em direção
ao Cristo sempre presente
no pedaço daquele pão.

O sino dobra e redobra...
Ite missa est.
A Missa está terminada
na comunhão e na fé.
Naquele momento de glória
Ite missa est: pensa o frade,
a missão começa agora.
Por Cristo, aquele que é.

"Pois aqui está a minha vida
pronta para ser usada.
Vida sempre a serviço da vida
vida que não se esquiva assustada,
vida da vida nascida,
vida que não se guarda,
pois é vida pra ser servida
ao preço do amor doado."

— Vai, franciscano,
ajunta os seus amigos
conquista, praticando
o amor aos inimigos.
Vai às fábricas evangelizando
na certeza da grande luz,
na paz, dialogando,
na escuridão e na claridade
nos braços de Deus se jogando.

"Aqui, tenho a minha vida
feito à imagem de menino
que continua varando
os campos gerais
e que reparte seu canto.
Não, não tenho caminho novo
o que tenho de novo
é o jeito de caminhar.
Aprendi (o caminho me ensinou)
a caminhar cantando
como convém a mim
e aos que vão comigo
pois já não vou mais sozinho.

Vida toalha limpa,
vida posta na mesa,
vida brasa vigilante,
vida pedra e espuma,
estrume rosa do amor
que no seu cotidiano
merece todo valor."

Como eterna criança
nos braços de sua mãe,
na aurora da sua infância
segue e canta, com louvor,

cantigas de esperança,
cantigas de amigo e de amor.
Inventa outras lembranças
de Deus e da humanidade,
canta com perseverança
aos homens de boa vontade
o Cristo das bem-aventuranças.

A Missa está terminada
e da festa, que hoje é sua,
retoma a caminhada
que a missão continua!

Maria Elisa e Maria de Fátima

Produção Gráfica e Editoração Eletrônica: **RLUX**

Capa: **ELIANA C. COSTA**

Impressão: **HR GRÁFICA E EDITORA**